임진왜란
남원성 전투와
명군 문물

순천향인문진흥총서 8

임진왜란
남원성 전투와
명군 문물

박현규(朴現圭)

보고사
BOGOSA

서문

"약무호남, 시무국가(若無湖南, 是無國家)", 즉 만일 호남이 없으면 그 대로 나라가 없어진다. 이 어록은 민족의 영웅 전라좌수사 이순신(李舜臣)이 1593년 7월 한산도(閑山島)로 진을 옮겨서 바닷길을 차단하려는 계획을 수립한 다음날에 사헌부 지평 현덕승(玄德升)에게 보낸 서찰에서 임진왜란을 극복하려면 나라의 울타리인 호남을 반드시 지켜야 한다는 굳센 의지와 전략지역의 중요성을 강조한 것이다. 오늘날 호남 곳곳에는 이순신의 어록을 새겨놓고 호남인의 활약과 호국의식을 북돋우고 있다.

1597년 8월에 이순신의 어록이 그대로 들어맞는 남원성(南原城) 전투가 펼쳐졌다. 명 부총병 양원(楊元)이 총괄하고 조선 전라도병마절도사 이복남(李福男) 등이 나선 조명연합군이 남원성 방어에 나섰으나 10배나 넘는 일본 대군의 침공을 맞이하여 혈전 분투하다가 끝내 성이 함락되는 운명을 맞이했다. 곧이어 명 유격 진우충(陳愚衷)이 지키던 전주성(全州城)이 싸움도 없이 무너지고 도성 한양이 함락될 위험에 빠졌고, 또한 호남 전역이 넘어가 민초들이 일본군에 의해 짓밟히는 참담한 결과를 초래했다.

남원에는 남원성을 지키다 돌아가신 순절자의 유해를 모신 만인의 총(萬人義塚)이 세워져 있다. 만인의총은 1598년(선조 31) 4월에 남원성에 들어온 명 부총병 이방춘(李芳春)이 성 안팎에 살육당한 순절자의 유해들을 수습하여 거대한 무덤을 만든 데에서 유래되었다. 전란이 끝난 10여 년 후에 지역 사람들이 순절자를 추도하는 사당을 세우고 제향을 지냈다. 조선조 내내 제향이 계속 이루어졌다. 그러다가 일제에 들어와서 당국에 의해 제단이 훼철되고 제향이 금지되었다. 광복과 더불어 다시 사당과 제향이 복원되었다.

한국에서는 만인의총을 호국의 얼이 서려 있고 국난 극복의 현장으로 꼽아 성역화시켜고 국가사적으로 지정하였다. 매년 9월 26일이면 지역 사람들은 순절자들이 묻혀있는 성스러운 무덤에 나가 호국정신의 위업을 선양하고 충성절개의 혼을 기리는 순의제향(殉義祭享)을 지내고 있다. 다만 일각의 시도이지만 만인의총을 반일본의 정세도구로 이용하거나 '만인', 즉 1만 명이라는 숫자에 집착하고 있는데, 이는 오히려 순절자의 순수하고 숭고한 정신을 퇴색시키고 있다.

반면 남원성 전투의 당사국인 중국과 일본에서 전투를 바라보고 있는 시각은 사뭇 다르다. 명나라는 남원성 방어를 총괄한 명군 양원이 성을 버리고 도망쳤던 사실을 접어둔 채 조선군의 지원이 없어 남원성이 함락되었다며 패전의 책임을 조선 조정에게 전가시켰다. 전란이 끝난 후에 명나라는 자국의 군사가 남원성 전투를 비롯한 각종 전투에 나섰다며 조선 조정에다 나라를 다시 세워주었다며 재조지은(再造之恩)을 강요하였다. 오늘날에 들어와서도 중국에서는 만인의총을 자국의 군사가 희생당한 역사적 장소로 꼽으면서 한국인들에게 예전의 재조지은에서 변형시켜 항왜원조(抗倭援朝)의 의미를 되새겨보라고 은근히 압박하고 있다.

일본에서는 자신들이 세운 남원성 전투를 임진왜란(文祿·慶長の役) 대첩의 하나로 꼽고 있다. 당시 일본 장수들은 남원성 전투에서 살육한 조선·명군의 코를 베어내어 승전의 전리품인양 막부로 보내어 군공으로 표시한 뒤 비총(鼻塚; 코무덤)과 공양비를 조성해놓았다. 오늘날 일본 사회에서는 순절자의 비총과 공양비에 대해 예전에 자신들의 선조들이 순절자의 유해를 마구 훼손한 비인간적인 만행을 숨긴 채 일본 무사도와 박애정신을 발로해서 조성한 것이라며 침략전쟁의 산물에서 선의의 상징물로 둔갑시켜 미화하고 있다.

임진왜란을 연구하는 집필자가 10여 년 전 만인의총을 처음 찾아가 보았을 때 무덤 저 너머로부터 순절자들이 왜 우리가 이곳에 묻혔는지를 알려달라는 무언의 함성이 들려오는 것만 같아 큰 충격을 받았다. 이로부터 임진왜란시기 남원성 전투와 남원 문물의 실상을 제대로 파헤치는 작업이 상당한 의미가 있다고 여기고 본격적으로 연구 작업에 돌입하였다.

그렇지만 집필자는 남원성 전투로부터 4백여 년이 지난 세월의 무게만큼 자료 수집과 분석에 많은 어려움을 겪어야만 했다. 이후 여러 차례 현장을 찾아가 보고 관련 자료를 수집해도 항상 무언가 부족하다는 느낌을 지울 수가 없었다. 그때마다 만인의총을 찾아가서 순절자들에게 도와달라고 기도하며 정신적인 힘을 구하곤 했다.

그리고 집필하는 과정에서 가장 힘들었던 점은 공정한 자세였다. 부연 설명하자면 역사적 사건을 어느 한쪽으로 치우치지 않는 객관적인 입장에서 있는 사실 그대로 받아들이는 자세가 필요했다. 사실 그대로 받아들이는 것만이 좁게는 임진왜란시기 남원성 전투와 남원 문

물의 실상을 정확하고 올바르게 피력할 수 있고, 넓게는 오늘날 한
·중·일 삼국이 임진왜란을 둘러싼 역사 인식의 간극을 조금이나마
좁히는 좋은 단초가 될 수 있다.

남원 만인의총

논제:『임진왜란 남원성 전투와 명군 문물』

1. 정유재란 남원성 전투와 명장(明將) 양원(楊元) 통솔

2. 정유재란 남원성 전투 순절자의 무덤과 제향

3. 정유재란 남원성 전투 명장 양원 구명과 부장(副將) 순절

4. 임란왜란 남원 소재 명군(明軍) 유적과 작품 고찰

5. 임진왜란 남원 소재 유정(劉綎) 유적과 작품 고찰

6. 임진왜란 천만리(千萬里) 사적과 작품의 진위 고찰

아래에 각 장의 주요 내용을 적어본다.

1. 정유재란 남원성 전투와 명장(明將) 양원(楊元) 통솔

본 문장은 정유재란 때 명 양원(楊元)이 총괄한 남원성 전투의 제반 사항을 분석하였다.

1597년(선조 30) 8월에 호남의 운명을 가른 남원성 전투가 펼쳐졌다. 양원은 남원성 방어를 총괄했던 명 장수이다. 당초 충주성에 주둔할 계획이었으나 충주성의 헤어진 방어시설, 자신이 거느린 요동 기마병의 장기, 조선 조정의 남원성 개축 협력, 전공을 세우겠다는 심리 등으로 남원으로 바꾸어 주둔했다. 남원성에 들어온 양원은 성을 개축하고 군사시설을 증강하며 군량을 비축하는 등 나름대로 방어대책을 세웠다. 하지만 조선 조정은 양원이 거느린 군사의 숫자가 적고 무기가 형편이 없어 과연 방어해낼 수 있을지에 대해 불안한 눈빛을 보였다.

남원성 침공 당시 일본군이 성곽을 4면으로 나누어 소속 장수들을 배치한 작전도 두 종이 전해오고 있다. 한 종은 녹아도현립도서관(鹿兒島縣立圖書館)에 소장된 「왜군남원성침공작전도(倭軍南原城侵攻作戰圖)」이고, 다른 한 종은 대하내수원(大河內秀元; Okochi Hidemoto)의 『조선물어(朝鮮物語)』에 그려놓은 「남원성취기도(南原の城取寄の圖)」이다.

일본군의 병력 수는 56,800명이고, 조명연합군의 병력 수는 4,300명~5,000여 명이다. 양원이 지키던 남원성은 조명연합군의 중과부적, 남원성 정보의 유출, 지원군의 절대 부족, 방어전선의 붕괴, 일본군의 거센 공세, 기각지세를 갖춘 교룡산성의 포기, 양원의 자만심과 도피 자세 등 복합적 요인으로 끝내 함락되는 운명을 맞이했다.

　남원성을 지키던 조명연합군, 즉 전라도병마절도사 이복남(李福男), 남원부사 임현(任鉉) 등의 조선 관군과 의병, 명 부장 이신방(李新芳), 모승선(毛承先), 장표(蔣表)와 요동 군사들이 끝까지 분투하며 싸우다가 순절했다. 『조선물어』에 의하면 일본군이 살육한 조명인의 숫자가 3,726명이다. 남원성 방어를 총괄한 양원은 성이 함락된다는 말을 듣고 허둥지둥 소수 가정(家丁)을 데리고 포위망을 뚫고 탈출했지만, 나중에 명 군부에 의해 패전의 멍에를 지고 처형당했다.

2. 정유재란 남원성 전투 순절자의 무덤과 제향

　본 문장은 정유재란 때 남원성 전투에서 지역 사람들이 패전의 아픔을 승화시킨 내역을 알아보는데 중점을 두었다.

　1597년(선조 30) 8월에 남원성을 지키던 조명 연합군과 민초들이 용맹하게 맞서다가 끝내 순절하는 아픔을 맞이했다. 풍신수길(豊臣秀吉; Toyotomi Hideyoshi)이 남원성 전투에서 순절자들을 살육한 모리고정(毛利高政; Mouri Takamasa), 도진의홍(島津義弘; Shimazu Yoshihiro), 도진충항(島津忠恒; Shimazu Tadatsune), 도진풍구(島津豊久; Shimazu Toyohisa), 가등가명(加藤嘉明; Kato Yoshiaki), 등당고호(藤堂高虎; Todo Takatora), 내도통총(來島通總; Kurushima Michifusa) 등에게 보낸 주인장(朱印狀)이 남아있다. 대하내수원(大河內秀元; Okochi Hidemoto)의 『조선물어(朝鮮物語)』와 등당고호(藤堂高虎)에게 발급한 주인장을 합하면 남원성 순절자는 총 3,735명이다. 일각에서는 만인의총(萬人義塚)의 '만인(萬人)' 글자에 집착하여 순절자의 숫자가 만 명이라고 주장하고 있으나, 이를 뒷받침해줄 근거를 찾아볼 수 없다. 광복 이후에 순절자가 아주 많다는 의미에서 '만인'이라는 명칭이 부여되었다.

1598년(선조 31) 4월에 남원으로 돌아온 명장 이방춘(李芳春)이 성 안 팎에 산처럼 쌓여있는 순절자의 유해들을 모아 거대한 무덤을 만들었 다. 이것이 만인의총의 전신이다. 전란이 끝난 후 남원 사람들은 순절 자를 기리는 충렬사(忠烈祠)를 세우고 순의제향을 지냈다. 조선조내내 제향이 이루어졌다. 일제강점기에 제향이 한때 중단되었다가 광복 이 후 다시 복원되었다. 오늘날 남원 시내에 호국의 얼이 서려 있는 성스 러운 장소인 만인의총의 원 장소와 새로 이전한 만인의총이 있다.

일본에는 조명 순절자의 코를 베어 묻어둔 비총(鼻塚; 코무덤)이 여러 곳 전해오고 있다. 이들 가운데 천인비총(千人鼻塚)은 남원성 전투를 총괄한 우희다수가(宇喜多秀家; Ukita Hideie)의 부하인 장리 육개(六介; Rokusuke)가 조성한 코무덤이다. 『고려진적미방전사자공양비(高麗陣敵 味方戰死者供養碑)』는 1599년(경장 4)에 도진의홍(島津義弘) 부자가 고야 산(高野山; Koyasan) 오지원(奧之院; Okunoin)에 세운 비석이다. 이 비문 에 남원성 순절자 420명(실제로 421명)의 영혼을 공양한다는 내용이 들 어가 있다.

3. 정유재란 남원성 전투 명장 양원(楊元) 구명과 부장(副將) 순절

본 문장은 정유재란 때 남원성 전투를 이끌어 간 명 장수들의 행위 와 조선 조야가 이들을 바라보는 시각을 분석한 것이다.

남원성 방어를 총괄한 명 양원은 성이 함락될 때 허둥지둥 소수 가정(家丁)과 함께 탈주했다. 조선 조정은 향후 전란 수습과 자국의 안보에 도움이 된다고 판단하고 패전한 양원을 위로하고 구명 활동에

나섰다. 문안접반사 정경달(丁景達)은 양원의 간절한 요청에 따라 그의
활약상과 남원성 패전의 불가피하다는 내역을 담은 장편의 시를 지어
주었다. 그러나 명 군부는 양원의 탈주가 향후 자국의 군사운영에 영
향을 끼친다고 여기고 양원에게 패전의 멍에를 씌우고 처형하였다.

반면 명 양원의 부장 이신방(李新芳), 모승선(毛承先), 장표(蔣表)는
남원성 전투에서 일본군과 맞서 끝까지 싸우다가 순절했다. 숙종 때
남원 유림들이 명 부장들의 순절을 새롭게 평가하였다. 곧이어 조선
조정은 남원 유림들의 청에 따라 이들을 남원 관왕묘(關王廟)에 배향하
였다. 남원 관왕묘는 1598년(선조 31)에 명 남방위(藍芳威)가 세우고,
1599년(선조 32)에 명 유정(劉綎)이 중수한 묘우이다. 영조 연간에 허린
(許璘)이 현 위치인 왕정동(王亭洞)으로 옮겼다. 오늘날 남원 관왕묘에
순절자인 명 부장 3명의 신위(神位)가 모셔져 있다. 이밖에 남원과 강
진에 남원성 전투 때 장수와 함께 싸웠던 말의 무덤이 남아 있다.

4. 임란왜란 남원 소재 명군(明軍) 유적과 작품 고찰

본 문장은 임진왜란시기 남원 지역에 남겨진 명군 인사들의 유적과
작품을 수집하여 집중 분석한 것이다.

남원은 임진왜란 때 격전의 장소였다. 전란 초기부터 많은 명군들
이 남원으로 들어와 주둔하거나 군사 교통로로 활용했다. 현존하는
남원 관련 문헌에 명군 인사들의 기록이 많이 남아있고, 오늘날 남원
일대에서 명군 인사들의 유적을 일부 찾아볼 수 있다.

명군 인사들과 관련된 남원의 장소로는 용성관(龍城館), 사영루(四詠
樓), 광한루(廣寒樓), 영사정(永思亭), 용두정(龍頭亭), 조기(釣磯), 용투산

(龍鬪山), 범곡(範谷) 천사대(天使臺), 저전산(猪轉山), 갈치(葛峙) 천사봉 (天使峰), 둔덕(屯德) 김복흥택(金復興宅), 여원치(女院峙), 관왕묘(關王廟) 등이 있다. 명군 인사들이 남긴 남원 기록은 크게 왕사를 수행하면서 느낀 소감, 고향을 그리는 생각, 조선 인사들과 교유한 소감, 명군 인사들의 활동 기록 등으로 나눌 수 있다.

남원을 배경으로 삼은 명군 인사들의 유적과 작품은 우리의 소중한 문화유산이다. 앞으로 보다 많은 관심과 이를 활용하는 자세가 필요하다.

5. 임진왜란 남원 소재 유정(劉綎) 유적과 작품 고찰

본 문장은 임진왜란시기 남원 지역에 남겨진 명장 유정의 유적과 작품을 수집하여 집중 분석한 것이다.

임진왜란 때 유정은 남원을 여러 차례 들어올 정도로 남원과 인연이 깊은 명 장수이다. 남원 문헌에는 유정과 관련된 기록들을 살펴볼 수 있고, 오늘날 남원 일대에서 유정이 남긴 유적들을 일부 찾아볼 수 있다. 전란 초기에 유정은 여원치(女院峙)를 두 차례 지나가면서 모두 자신이 이곳을 지나간다는 글을 써서 바위에다 새겨놓았다. 또 남원 지역민들은 자신들을 잘 보살펴준 유정의 청덕에 대해 감읍한 내용을 담아 남원 객관에 비석을 세워놓았다.

정유재란 때 유정은 서로군(西路軍)의 수장이 되어 남원으로 내려와 한동안 머물렀다. 남원 용투산(龍鬪山)에서 주둔할 때 인근 용두정(龍頭亭)에 올라 주변의 빼어난 경관을 감상했고, 또 용두산 아래 조기(釣磯)에서 낚시질을 했다. 전란이 끝난 직후 무신 관우(關羽; 관운장)를 주신으로 모신 남원 관왕묘(關王廟)를 대대적으로 중수하고, 또 묘우 한 곁에 중수 사적과 자신의 전공을 담은 중수비를 세워놓았다.

　임진왜란 초기에 유정은 일본군을 물리치겠다는 굳은 전투의지와 조선 민초들을 잘 보살펴주는 높은 인덕을 보여주었다. 정유재란 시기에 유정은 서로군의 수장이 되었으나 일본군을 물리치는 전투에 대해서는 소극적인 자세로 임하여 별다른 전공을 세우지 못했다. 전란이 끝난 직후에 세운 중수비에는 자신의 전공을 부풀려 세상에 알리고자 하는 과시 심리가 담겨 있다.

6. 임진왜란 천만리(千萬里) 사적과 작품의 진위 고찰

　본 문장은『사암실기(思庵實紀)』중 임진왜란시기 명 귀화인 천만리(千萬里)의 사적과 작품에 대해 진위여부를 검증하는데 중점을 두었다.

　천만리의 묘소는 남원 고리봉에 있다.『사암실기』는 조선 후기에 영양(穎陽) 천씨(千氏) 후손들이 편찬한 실기류 책자이다.『사암실기』「자서(自敍)」,「동정사실(東征事實)」에 천만리가 임진왜란 때 조병영량사(調兵領糧使) 겸 총독장(總督將)이 되어 참전했다고 하지만, 기록의 신뢰성이 떨어진다. 천만리가 올랐다고 한 총독의 품계는 정2품으로 조선에 참전한 명군 수뇌부 인물에 속한다. 그런데 임진왜란 당시에 편찬된 각종 국내외 문헌에 천만리 이름을 전혀 찾아볼 수 없다는 문제점을 안고 있다.

　『사암실기』「무안왕묘기(武安王廟記)」의 원본은 명 도양성(陶良性)의 「조선창건한전장군관공묘기(朝鮮刱建漢前將軍關公廟記)」이다. 하지만 「무안왕묘기」의 천만리 기록 부분은 의도적으로 「조선창건한전장군관공묘기」의 형개(邢玠), 만세덕(萬世德) 등 타인 이름을 천만리로 바꾸어놓거나 타인 이름 사이에 천만리 이름을 살짝 집어넣는 위조임이 밝혀졌다. 또 『사암실기』 중 천만리의 일부 작품, 즉 「등남원광환루(登南原廣寒樓)」는 명 여영명(呂永明)의 작품, 「여동조제공화음(與東朝和吟)」은 조선 정철(鄭澈)의 「차운증이원외실지(次韻贈李員外實之)」를 그대로 옮기거나 변형시킨 것으로 밝혀졌다.

　『사암실기』의 천만리 사적과 작품은 많은 문제점을 안고 있다. 그렇다고 하더라도 천만리 인물에 대해 전면적으로 부정할 필요는 없다. 앞으로 천만리 사적과 작품을 논할 때 다른 문헌과 대조하여 해당 기록을 세심히 검증하고, 또 천만리 후손들이 임진왜란 귀화인 집안으로 이 땅에 살아가는 사적에 대해서도 널리 알릴 필요가 있다.

차례

정유재란 남원성 전투 명장 양원(楊元) 구명과 부장(副將) 순절

임란왜란시기 남원 소재 명군(明軍) 유적과 작품 고찰

남원 소재 명장 유정(劉綎) 유적과 작품 고찰

임진왜란 천만리(千萬里) 사적과 작품의 진위 고찰

정유재란 시기 남원성 전투와
명장(明將) 양원(楊元) 통솔

1. 서론

임진왜란, 1592년(선조 25)부터 1598년(선조 31)까지 7년 전쟁기간에 수많은 크고 작은 전투가 펼쳐졌다. 그중에서 전쟁의 판도를 바꾼 중차대한 전투가 몇 차례 펼쳐졌는데, 남원성 전투는 정유재란 초기에 호남의 운명을 결정지은 중차대한 사건이었다. 남원성을 함락시킨 일본군은 전주를 무혈입성한 뒤 북상하여 직산까지 올라가 도성 한양을 위협하였고, 또한 호남으로 내려가 도처를 돌아다니며 분탕질하고 백성들을 살육하였다.

당시 남원성 전투를 총괄한 장수는 명 부총병 양원(楊元)이었다. 양원은 임진왜란 기간에 크게 전후 두 차례 조선에 들어와서 군사 지원에 나섰다. 두 차례 세운 전공은 아주 달랐다. 앞선 한 차례는 1593년(선조 26)에 평양성 전투에서 좌협대장으로 나서 성을 수복하는 데 주도적인 역할을 하여 생사당인 평양 무렬사(武烈祠)에 배향되었다. 뒤선 한 차례는 1597년(선조 30)에 부총병으로 명군의 선발대를 이끌고 남원성

방어에 나섰으나 성과 장졸들을 잃은 패전의 죄목으로 끝내 처형당하
였다.

지금까지 남원성 전투에 관해 전문적으로 분석한 몇 편의 연구논문
이 나왔다.[1] 최근 남원성 전투와 관련된 국내외 자료가 잇달아 나와
전투의 실상을 제대로 살펴보는데 많은 도움이 된다. 이에 따라 본
논고에서는 남원성 전투를 총괄한 양원을 중심으로 전투 과정의 제반
상황에 대해 본격적으로 자세히 살펴본다. 다만 편폭 관계로 남원성
전투와 관련된 순절자의 무덤과 제향,[2] 양원의 구명 활동과 부장 순절,
남원성 전투를 읊은 상감 문학에 대해서는 따로 논술한다.

2. 양원의 남원성 지원 과정

1597년(선조 30) 1월에 대규모 일본군이 바다를 건너 조선으로 재침
해오는 정유재란이 발발하였다. 2월에 명 군부는 일본군의 규모가 매
우 크고 또한 북상 침공할 조짐이 있자 대규모 자국의 군사를 파견하기

---

1   南原文化院, 『정유년 남원성 싸움: 戰亂의 克服과 昇華』, 남원문화원, 남원, 1997;
崔圭珍, 『남원과 정유재란』, 신영출판사, 서울, 1997; 李熙煥, 「丁酉再亂에 있어서의 南原
城戰鬪에 對한 一考察」, 전북대학교 사학과 석사논문, 1981; 李熙煥, 「丁酉再亂時의 南原
城戰鬪에 對하여」, 『전북사학』 7집, 전북사학회, 1983, 63~103쪽; 鄭永泰, 「丁酉再亂時
南原城戰鬪와 萬人義塚」, 『역사학연구』 56집, 호남사학회, 2014.11, 139~212쪽; 陳尙勝,
「論丁酉戰爭爆發後的明軍戰略與南原之城」, 『安徽史學』, 2017年 6期, 26~37쪽; 『정유재
란 1597: 2017년 국립진주박물관 특별전 연계 국제학술심포지엄』, 國立晉州博物館,
2017.10.20~21, 193~250쪽.
2   朴現圭, 「정유재란 남원성 전투 순절 무덤과 제향」, 『문화관광해설사 양성을 위한
남원향토대학』, 南原文化院, 南原, 2018.9, 117~130쪽.

에 앞서 선발대를 다급하게 보내야만 했다. 당초 계지(薊地)의 남병 2천 명을 보낼 작정이었으나 병력이 충분치 않고 갑자기 멀리 보낼 수가 없다며 응급 대책을 세웠다. 오유충(吳惟忠)이 예전의 척계광(戚繼光) 군사 3,785명을, 양원이 조선과 가까운 요동병(遼東兵) 3,000명을 각각 이끌어 조선으로 나가고, 양호(楊鎬)가 이들을 독전하도록 했다.[3] 또 3월에 명 병부가 오유충과 양원이 아직 출발하지 않았다는 사정을 보고하자, 신종제는 변경 사항이 중차대한데 아직까지 머뭇거리고 있느냐며 속히 떠나라고 명했다.[4]

요양 군사가 조선 변경과 가장 가까운 지역에 주둔하고 있는 관계로 가장 빨리 동원되었다. 당시 양원은 임무를 유기했다는 죄목으로 체임된 상태였으나, 전황이 급변하자 다시 부총병의 직함을 받고 전공을 세워 과오를 씻는 차원에서 전쟁에 나서게 되었다.[5] 이때 양원을 천거한 인물은 총병 통양정(佟養正)이다. 나중에 양원이 남원성 전투에서 패전을 당하자, 통양정은 자신이 잘못 천거했다며 속죄하는 차원에서 조선에다 미곡을 보냈다.[6] 이때 양원이 거느린 군사는 요동영병, 가정,

---

3 『明神宗實錄』25년 2월 17일(무인)조: "兵部覆總督薊遼都御使孫鑛奏: 原議調發薊南兵二千名, 但部伍不敷, 難以遠發, 議照先年戚繼光伍法共選三千七百八十五員名, 以原任付摠兵吳惟忠領之. 原議遼兵三千名, 今議再加挑選, 以原任付將楊元領之. 遼海參政楊鎬監督二將刻期前往, 以救朝鮮. 得旨允行."

4 『명신종실록』25년 3월 9일(기해)조: "兵部奏報: 倭將淸正欲移駐慶州, 請敕督臣亟令吳惟忠·楊元各將兵前往朝鮮, 扼險張威, 相機戰守. 仍催總兵麻貴兼程前進, 以決長策. 上是其言, 令: 各將官作速前去, 前議增設經理朝鮮巡撫, 許久不見推用, 邊情重大, 如何若此怠玩, 其速行."

5 『선조실록』30년 3월 2일(임진), 19일(기유)조.

6 『선조실록』31년 12월 2일(계축), 32년 1월 4일(을유)조.

잡류(雜流) 등 총 3,117명이었다.[7]

4월 4일에 양원은 압록강을 건넜고, 10일에 철산 거련관(車輦館)에 도착했다. 5월 8일에 한양으로 들어오자, 선조가 모화관으로 거동하여 영위례(迎慰禮)를 베풀었다. 이날 양원은 자신의 운명을 가르는 중차대한 논의가 오갔다. 선조가 명나라의 파병과 양원의 지난 공적에 대해 감사의 인사를 표하자, 양원은 지난번에 두 성(평양성과 한양성을 지칭함)만 회복시켰는데 이번에는 모두 섬멸시키겠다는 굳센 의지를 표방한 뒤 일본군의 침공을 방어할 지역 가운데 가장 긴요한 지역이 어디냐고 물었다. 이에 선조가 조령 이남이 심히 파괴되어 대군이 주둔할 수 없으며 남원이 호남의 요해지로 다른 도에 비해 온전하오니 이 지역이 어떠냐고 묻자, 양원은 말을 타고 달리기에 편한 곳이 좋다는 뜻을 내비쳤다. 또 선조가 그대가 말을 달리기에 편리한 남원을 지키고 오유충이 충주를 지키는 것이 어떠냐고 물으니, 양원은 그렇게 하겠다며 명 군부의 분부가 이와 다르니 속히 자문을 보내주기를 요청하였다.[8]

양원의 요청을 받은 선조는 4월 13일에 군문 형개(邢玠)에게 자문을 보내며 양원을 남원에 주둔시켜주기를 바란다는 취지를 전하였다. 5월 19일에 또 다시 군문 형개에게 자문을 보내며 양원이 남원으로 향하

---

7 『經略御倭奏議』권2「會參楊元 · 陳愚衷疏」: "到職案照楊元所領遼東官兵幷家丁 · 雜類等項共三千一百一十七員名." 형개는 조선에 나와 있던 명 군부를 총괄한 총독이다. 양원이 거느린 인원수에 대해 조선 측 기록은 문헌에 따라 약간씩 다르다. 鄭期遠의 서장과 權悏의 치계는 모두 3천 명, 丁景達의 『(반곡)亂中日記』는 3천 4백 명, 韓致奫의 『海東繹史』는 명 諸葛元聲의 『兩朝平攘錄』의 기록을 좇아 3,117명이라고 정확하게 기술했다.
8 『선조실록』30년 5월 8일(무술)조.

고 있고, 남원과 충주 주둔지의 장단점을 열거하였다. 충주는 조령과 죽령을 막는 요충지인데, 지세가 험악하여 기병을 운용하기가 불편하니 오유충의 남병이 이곳에 주둔한다. 남원은 팔랑치(八郞峙; 운봉 팔랑마을)와 섬진(蟾津)으로 통하는 길이자 온전한 전라도를 지키는 요충지인데, 지세가 평탄하고 넓어 기마병이 운용하기가 편하니 양원의 기병이 주둔하기 좋다.[9]

당시 영남에서 한양으로 올려오는 노선은 크게 두 갈래이다. 한 갈래는 영남에서 충주를 지나 한양으로 올라오는 직경 노선이고, 다른 한 갈래는 영남에서 남원을 지나 한양으로 올라오는 우회 노선이다. 충주노선은 지세가 험하나 영남에서 한양으로 곧장 들어올 수 있다. 임진왜란 초기 일본군이 충주노선을 통해 침공해왔다. 반면 남원노선은 충주노선에 비해 전체 거리가 좀 더 멀지만 지세가 전반적으로 평탄하였다. 명일(明日) 강화회담 때 한양에서 영남으로 내려가는 명 사절과 종사관들이 남원노선을 활용하였다.

명 군문 형개는 선발대 양원과 오유충을 전략 요충지에 주둔시켜 자국의 대군이 내려갈 때까지 일본군의 북상을 막아내는 작전을 구상하였다. 처음에 영남에서 대구와 경주, 호남에서 남원을 주둔지로 꼽

---

9 『事大文軌』 권20 만력 25년 5월 14일 「本國咨請扼守要解」: "朝鮮國王爲防守要害事, 據議政府狀啓, 卽目征倭副總兵楊, 旣與本局商議, 刻日駐箚南原, 防守全羅道要害. …… 忠淸道忠州, 當鳥·竹兩嶺之衝, 而地勢險阻, 不便用騎, 總兵吳所統南兵, 宜於此處駐箚. 全羅道南原·順天兩府, 爲八良峙(八郞峙의 오기)·蟾津諸路之會, 俱係要衝, 而南原爲尤緊, 總兵楊所統馬兵, 宜於此處駐箚等因, 已經備査咨復本部去後. 今該前因, 窃照小邦七道, 俱被殘破, 有全羅一道稍完, 而南原爲本道要害, 乃賊所必爭, 而我所必守之地, 兼又地理平曠, 便於用騎." 조선사편수회가 편찬한 『事大文軌』 목록에는 경략을 孫鑛으로 잘못 적어놓았음.

았다. 나중에 영남 절반이 일본군이 점거하고 있는 데다 선발대가 경
주로 진입하기 어렵다고 여기고 당초 계획한 주둔지에서 멀리 떨어진
충주로 정하였다. 이때 양원은 남원성의 군사 시설과 군량이 좋지 않
다는 정보를 입수하였다. 양원은 군문 형개에게 남원성이 허물어졌고
영방 시설이 없으며, 양향(糧餉) 또한 반 개월 치밖에 없다고 보고하였
다.[10] 조선 조정과 양원의 말을 들은 군문 형개는 양원을 남원성에,
오유충을 충주성으로 바꾸어 주둔하도록 결정하였다.

  양원이 충주성에서 남원성으로 바꾸어 주둔하고자 하는 이유가 무
엇일까? 크게 4가지로 축약할 수 있다. 첫째, 충추성의 파괴이다. 임진
왜란이 발발할 때 대규모 일본군이 쳐들어오자 신립(申砬)은 조령과
충주성을 잇달아 포기하고 기마병이 달리는 탄금대(彈琴臺)에 배수진
을 쳤다가 참패를 당하였다. 이때 충주성이 철저히 파괴되었다. 이후
전란 도중에 성곽 보수를 하지 않아 방어 기능이 상실되었다. 나중에
들어온 오유충도 충주성 바깥에 주둔하였다. 반면 남원성은 정유왜란
이 일어나기 전까지 온전하게 보존되어 있었다.

  둘째, 양원이 거느린 기마병의 장기이다. 양원은 요동 출신으로 기
마를 잘 다루는 북병을 거느리고 왔다. 오유충은 절강 의오(義烏) 출신
으로 보병을 잘 다루는 남병(구체적으로 義烏軍)을 거느리고 왔다. 당시
오유충이 밀운(密雲)에 주둔하고 있어 양원보다 1달 더 늦게 군사를

---

10 『兩朝平攘錄』 권5 「日本下·附錄」: "(형개)吾意先遣楊元·吳惟忠, 領兵二枝, 南至王
京, 兩將分屯於全羅之南原, 慶尙之大丘·慶州, 而總兵且在王京中, 居中調停. 但楊元昨報
南原城郭圮壞, 營房俱無, 錢粮無半月之積, 慶尙一道, 又半爲賊有, 吳惟忠孤軍亦難入慶
州, 故今且使楊元催運粮餉, 協同朝鮮, 修理城垣, 以爲捍蔽, 吳惟忠姑令往忠州, 扼賊後
門, 俟七月各兵俱濟, 又作區處."

이끌고 조선에 들어왔다. 그래서 양원은 기마병의 장기를 살려 넓은 평야가 있는 남원성을 지키는 쪽으로 선택했다.

셋째, 조선 측의 남원성 개축 협력이다. 양원이 선조와 만나는 자리에서 남원성의 성곽이 단단하지 못하다는 사전 정보를 입수하고 남원과 전주 수령이 힘을 합쳐 금성탕지의 견고함을 겨룰 정도로 개축해야 한다고 요청을 하자, 선조는 긴밀히 협조해줄 것을 약조했다. 이후에도 양원이 여러 차례 개축 협조를 요구하자, 조선 조정은 그의 말에 따라 행해주었다.

넷째, 양원이 전공을 세우겠다는 심리 작용이다. 양원은 도독 이여송(李如松)의 부장으로 평양성 탈환에서 용감히 싸워 큰 전공을 거두었다. 한번은 선조와 만나는 자리에서 일본군을 완전 소탕한 다음에 사은의 인사를 받겠다며 자신감을 드러냈다. 또 자신은 본국에서 매우 중요한 사람이고, 나이 또한 선조보다 많다며 자신의 존재를 은근히 과시하였다. 이밖에 양원이 임무 유기로 체임되었다가 이번에 다시 복직된 터라 전공을 세워 속죄한다는 급박한 심리도 한 몫을 차지하였다.

며칠 후 양원은 조선에다 자신의 존재를 밝히며 모든 군사를 지휘하겠다는 의지를 분명하게 피력했다. 즉, 도원수 권율에게 자신이 황제의 성지를 받들고 선봉을 이끌고 왔다며 군무를 총괄하겠다는 말을 했다. 이 말을 들은 비변사가 양원이 군율을 엄히 다스릴 것이라며 엄중함을 보고하자, 선조는 도원수 이하 모든 장수들이 양원의 지휘를 따르라고 했다.[11]

5월 13일에 선조가 남별관(南別館)으로 나가 양원을 접견하는 연회를 베풀었다. 이날 일본군의 침공을 방어하는 문제에 대해 논하였다. 양원이 호남방어 군사가 1,500명인데 모두 유명부실하다며 혹 사단이 있을 시 경상좌도병마절도사 성윤문(成允文)의 협력을 받을 수 있느냐고 묻자, 선조는 조선 장수들이 모두 양원의 분부를 받을 것이라고 답하였다.[12] 여기의 호남방어 군사는 전라도병마절도사 이복남이 거느린 군사를 지칭한다. 훗날 이복남은 남원성 전투에서 양원의 우려와 달리 장렬히 싸우다가 전사하였다. 반면 전주성을 지키던 명 유격 진우충(陳愚衷)은 양원의 긴급구원 요청에도 불구하고 군사 지원에 나서지 않고 성을 버리고 도망쳤다. 양원 또한 자신이 총괄한 남원성을 버리고 몇몇 가정과 함께 탈주하였다.

양원은 남원성 방어에 대해 여러 차례 자신감을 표방하였다. 선조가 남별궁 연회에서 명 수군의 지원이 필요하다고 말하자, 양원은 명 군부가 지원 방안을 준비해놓았고 자신과 오유충이 마음을 함께하면 그 날카로움이 쇠를 자른다며 자신감을 내비쳤다. 또 선조가 지난 평양성 탈환에서 맨 먼저 성을 올랐던 공적을 보답하고자 사당을 세웠다는 말을 하자, 양원은 지난 전훈을 언급하며 일본군과 만나는 것이 조금도 두려울 것이 없다며 자신감으로 충만해있었다.[13]

양원이 남원성으로 내려가기 전날에 또 한 차례 연회가 베풀어졌다. 양원은 자신이 가지고 있던 활, 화살, 칼 등 군기와 갑옷을 내보이며 이것으로 일본군과 달자(여진족)를 많이 죽였다고 자랑하였다. 선조고

---

11 『선조실록』 30년 5월 9일(기해)조.
12 『선조실록』 30년 5월 13일(계묘)조.
13 『선조실록』 30년 5월 13일(계묘)조.

군기와 갑옷을 보고서 지난 평양성 탈환을 이어 이번에도 적을 섬멸할 것이라며 덕담을 하자, 양원은 이번 걸음에 적을 섬멸하지 못한다면 무슨 면목으로 한강을 건너 볼 수 있느냐고 자신감을 표방하였다.[14]

이와 달리 조선 조정은 양원이 과연 남원성을 방어해낼 수 있을는지에 대해 심히 우려하였다. 그 이유는 크게 두 가지이다. 하나는 양원이 거느린 요동영병의 병기가 형편없다는 점이다. 이항복은 예전에 조승훈(祖承訓)의 요동군사 사례에서 보듯이 이번 요동영병의 병기가 형편없다는 사정을 아뢨고, 선조도 모화관에서 양원이 거느린 요동영병의 병기를 보니 형편이 없다고 말했다.[15]

다른 하나는 양원이 거느린 요동군사의 숫자가 매우 적다는 점이다. 선조가 대신과 전황을 논하는 자리에서 대규모 일본군이 소수의 명군을 깨뜨리는 것이 무슨 어려움이 있느냐며 양 진영의 병력 격차를 분명히 인식하고 있었다. 이어서 양원과 만났을 때 양원이 남원성 방어가 용이하다고 말했으나 병력수의 현격한 차이로 벌써부터 의심스럽다며 우려를 표시하였다.[16]

양원이 남원으로 내려간 이후에도 조선 조정은 여전히 남원성 방어에 대해 계속 우려를 표시하였다. 선조가 대신들과 함께 전황을 논하는 자리에서 일본군이 장차 양호(兩湖)를 침공한다는 의도에 대해 집중 논의했다. 일본군의 병력이 10만 명인데, 양원이 이를 어떻게 막을 수 있느냐? 양원이 거느린 요동병은 난병(亂兵)으로 구성되었고,

---

14 『선조실록』 30년 5월 20일(경술)조.
15 『선조실록』 30년 5월 15일(을사)조.
16 『선조실록』 30년 5월 18일(무신)조.

또한 중기(重器)가 없다. 예전에 조승훈이 평양에서 패전한 뒤 하루 만에 가산까지 도망쳤던 사례처럼 명군을 믿을 수가 없다. 양원이 남원을 지키고자 한다는 것은 필시 거짓말이다. 심지어 선조는 이 자리에서 양원이 평소 겁이 많아 일본군과 싸우려 들지 않는다는 명 황응양(黃應陽)의 말을 끄집어내면서 양원의 존재와 방어에 대해 불신이 가득 찼다.[17]

3. 양원의 남원성 방어 준비

1597년(선조 30) 5월에 양원의 중군 이신방(李新芳)은 먼저 2천여 명을 이끌고 접반사 정기원(鄭期遠)과 함께 남원에 들어왔다. 즉시 본도 순찰사에게 여러 읍에 있는 군졸들을 급히 불러 모아 남원성을 개축하는 역사에 나서도록 하였다. 이때 명군도 남원성을 개축하는 역사에 나섰다.[18] 6월에 양원이 남원성에 들어와 성곽 보수하는 과정을 살펴보고 곧 장맛비가 올 것이라며 진척 속도가 높이기 위해 멀리 전주부에 주둔한 명군까지 동원시켜 완성시켰다.[19]

동년 5월 21일에 양원은 한양 남대문에서 선조의 전송을 받으며

---

17 『선조실록』 30년 6월 18일(정축)조.
18 『南原邑誌』 「古蹟」: "天朝以副總兵楊元統領遼東兵三千東征, 五月楊總兵中軍李新芳先領二千餘兵, 與接伴使鄭期遠到南原, 卽令本道巡察使急聚列邑軍卒."; 『亂中雜錄』 정유년 5월: "楊摠兵中軍李新芳, 先領二千餘兵, 與接伴使鄭期遠到南原. 卽令本道巡察使, 急聚列邑軍卒, 掌修城, 改築女墻, 倍前高堅. 又役天兵, 築外土城, 刻期督役, 晝夜不徹."
19 『선조실록』 30년 6월 18일(정축)조.

남은 군사를 이끌고 남원으로 떠났다.[20] 6월 14일에 남원성으로 들어가 용성관(龍城館; 현 용성초등학교)에 진을 쳤다.[21] 먼저 남원에 들어와 용성관에 머물고 있던 유격 심유경은 남정(南亭)으로 옮겼다.

뒤에서 언급하겠지만 양원은 명군의 본진이 조선으로 들어오는 기간을 고려해서 남원성에서 최대 8개월 동안 머물 작정이었다. 먼저 심유경에게 의녕으로 가서 소서행장(小西行長)을 만나보고 적의 동정을 탐색하도록 하였다.[22] 또 남원성을 효율적으로 방어하기 위해 나름대로 여러 대책을 강구하였다. 아래에 주요 대책을 열거해본다.

첫째, 남원성의 개축이다. 양원은 선조와 만나는 자리마다 남원성의 개축을 거론할 정도로 중요하게 여겼다. 조선 군부는 양원의 요청에 따라 즉각 성을 개축할 수 있게 사전준비 작업을 해놓았다. 양원이 내려오기 전에 성을 쌓을 돌과 운반 도구인 삼태기, 가래를 준비해놓았다. 양원의 부장 이신방이 내려오면서 남원과 전라도에 소재한 조선군과 민초, 명군 등이 개축 작업에 나섰고, 또 양원이 내려오면서 곧 장맛비가 내린다며 멀리 전주를 지키던 명군까지 동원시켰다. 이들은 밤낮으로 역사에 나서 한 달 남짓 만에 대략 완성되었고,[23] 이후 8월까

---

20 『선조실록』 30년 5월 21일(신해)조.

21 『선조실록』 30년 6월 18일(정축)조 정기원 서장: "六月十四日成貼, 楊總兵接伴使鄭期遠書狀: 本月十四日, 總兵入南原府." 『난중잡록』 정유년: "(6월)十三日, 楊元自全州領軍到南原, 中軍及閔濬從之, 總兵留陣龍城館." 양원이 남원성에 들어간 날짜에 대해 정기원 서장은 6월 14일, 『난중잡록』과 『난중잡록』은 6월 13일로 적고 있다. 여기에서는 접반사 정기원의 기록을 따랐다.

22 『南原邑誌』「古蹟」: "六月十三日, 楊元自全州領軍到南原, 中軍及閔濬從之, 總兵留鎭龍城館, 沈惟敬移南亭. 十九日, 楊元令沈惟敬馳往宜寧見行長, 因探賊情."

23 『再造藩邦志』 4책: "楊元以爲, 本城可守, 乃增築一丈, 城外浚濠, 濠內又築羊馬墻, 多

지 계속 이루어졌다. 8월에 팔결군(八結軍) 1,700여 명이 나서 해자를 파서 불과 5일 만에 마쳤다.[24]

수축 전의 성곽 높이는 13척이었다. 조선 군부는 성가퀴에 3척을 더 쌓아 16척으로 놓일 작정이었는데, 양원이 이보다 1장 남짓 더 높이 쌓았다. 성가퀴에 대나무를 엮어 총탄을 방어할 목책을 만들었다.[25] 성의 바깥에 양마장(羊馬墻)을 쌓고 포를 쏠 수 있는 구멍을 뚫어놓았다.[26] 또 해자를 1~2장 더 깊게 팠다. 남원성 수축 후의 모습은 녹아도 현립도서관(鹿兒島縣立圖書館)에 소장된 일명 「왜군남원성침공작전도(倭軍南原城侵攻作戰圖)」에 잘 나타나 있다.

「왜군남원성침공작전도」는 일본군이 남원성을 공략하고자 소속 군사들을 배치하고 작전을 펼친 도면이다. 필사자는 참전에 나선 천상구국(川上久國)이다. 크기는 68×90cm이다. 1980년대 남원성 전투에 나선 전라병마절도사 이복남의 11대 후손인 이가정문(李家正文)이 녹아도 현립도서관에서 도면을 찾았다.[27] 1986년에 남원 만인의총은 이가정문이 제공한 흑백 복제본을 전시실에 전시했다가, 1992년에 심수관(沈

穿砲穴. 城門安大砲數三座. 晝夜董役, 月餘粗完."

24 『燃藜室記述』 권17「宣祖朝故事本末」「明軍再援」: "八月, 南原府使尹安性發八結軍, 鑿城壕五日而畢役, 一千七百餘夫." 1597년(선조 30) 5월에 명 양원의 요청으로 남원부사 尹安性에서 문과통정文科通政 전 남도 병사 任鉉으로 바뀌었다.(『선조실록』 30년 5월 9일(기해)조). 따라서 상기 기록 가운데 부사 성명에 오기가 있는 것으로 추정된다.

25 『星湖僿說』 권23「經史門·竹柵竹笆」: "壬辰, 天將楊元守南原城倭. 編竹爲柵, 銃丸不能過. 盖竹體圓滑, 丸至扵竹, 必違脫不撞. 不撞便止."

26 『西厓先生文集』 권16「記南原陷敗事」: "楊總兵到南原, 修城增埤一丈許, 城外築羊馬牆, 穿砲穴, 城門安大砲數三坐, 鑿深壕塹一二丈."

27 李家正文은 정유재란 때 일본군이 볼모로 데려간 이복남의 삼자인 李聖賢의 후손이다.

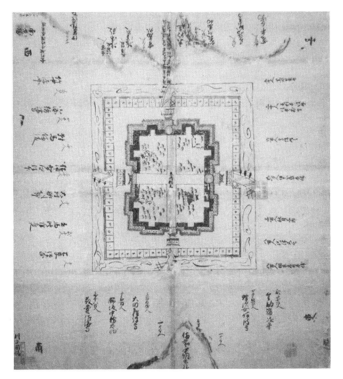

녹아도현립도서관장본 「왜군남원성침공작전도」

壽官)을 통해 원본을 그대로 복제한 재현품으로 교체하였다.[28]

도면 속의 남원성은 사각형이고, 각 성곽 면마다 방어 효율을 높이기 위해 요철(凹凸)로 만들어놓았다. 성가퀴마다 총이나 화살을 쏠 수 있는 구멍을 내놓았다. 성 바깥에 양원이 새로 쌓았던 양마장이 보인다. 양마장의 한 칸마다 총이나 활을 쏠 수 있는 구멍을 내놓았다.

---

28 남원 만인지총 관리사무소 자료 제공.

양마장 바깥에 해자가 파져 있다. 해자의 동서남북 사방에 각 부교가 세워져있고, 또 각 부교 입구에도 방어 차원의 양마장을 설치해놓았다. 성내에 사방으로 통하는 +자형 통로가 보이고, 그 가운데 '대장양원(大將楊元)' 글자가 보인다. 또 동남쪽에 높은 기와 건물이 있는데, 남원 관아나 양원이 머물고 있는 용성관으로 추측된다. 성 바깥에 일본군이 각 방면마다 배치된 장수와 병력수가 적혀있다.

아래에 남원성의 역사에 대해 적어본다. 691년(신라 신문왕 11)에 성을 처음 쌓았고, 1593년(선조 26)에 명 참장 낙상지(駱尙志)가 성가퀴를 대대적으로 개축하였다.[29] 1692년(숙종 18)에 다시 축성하였다. 성곽의 높이는 약 5.4m, 해자는 약 6m이다. 성내에 샘이 71개소, 마면이 16개소, 치첩이 1,016개소가 있었다. 동학혁명(1895년) 때 동문과 남문이 소실되었고, 일제강점기에 서문과 북문이 허물어졌다. 전라선 개설 때 성곽이 크게 훼손되었다. 오늘날 북서쪽 가장자리에 해당하는 성벽의 일부가 남아 있다. 1983년 11월에 사적 제298호로 지정되었다. 남원문화원이 남원성터를 조사한 바에 의하면 동벽은 866m, 서벽은 850m, 남벽은 870m, 북벽은 855m이고, 성내 넓이는 740,025㎡이다.[30]

최근 남원시는 조선문화유산연구원과 함께 남원성 북문지와 북성벽 일부에 대한 발굴조사를 진행하였다. 이번 조사에서 북문지, 북성벽, 양마장, 해자의 구조 및 분포범위 등이 확인되었다. 북문지는 협축식으로 조성되었다. 양마장은 체성부 외벽에서 7m 정도 떨어져 있고,

---

29 『선조실록』 30년 5월 25일(을묘)조 정기원 서장.
30 南原文化院, 『정유년 남원성 싸움: 戰亂의 克服과 昇華』, 앞의 서지, 46쪽.

기저부의 폭은 80cm 정도이다. 담장의 기초부와 유사한 형태로 쌓았다. 해자의 폭은 5m, 잔존 깊이는 1.3m 내외이다. 해자의 내벽은 수직쌓기, 외벽은 수직쌓기와 계단식쌓기를 병행해서 축조하였다. 해자의 바닥면에 방어용 목익을 설치한 흔적이 확인되었다.[31]

둘째, 군량 비축이다. 이 또한 양원이 자주 언급했던 중대한 사항이다. 강신(姜紳)은 양원과 만나는 자리에서 장부에 적힌 남원의 군량 상황을 알려주었다. 남원에 보관된 쌀은 8,100여 석, 콩은 6,200여 석이 있다. 또 각 고을에서 수송해올 쌀은 10,000여 석, 콩은 7,000석이 더 있다. 모두 군량 11개월분이다. 이에 대해 양원은 군량 11개월분까지는 필요 없고, 8개월분만 준비하면 된다고 했다.[32] 우리는 양원의 말을 통해 그가 남원성을 지키는 기간을 최대 8개월로 잡았던 사실을 엿볼 수 있다.

곧이어 접반사 정기원이 남원에서 군량 사항을 조사해보니 당초 장부 계상보다 조금 변동이 있었다. 산성에서 옮겨올 쌀은 8,300석, 벼는 3,500석(도정 후 1,165석 5두), 콩은 4,200석이다. 이것을 3,000명 군사가 사용할 분량으로 계상해보면 쌀은 150일~160일분이고, 콩은 25일분이다. 여기에다 각 고을에서 옮겨올 군량을 더하면 쌀은 1년분이고, 콩은 반년분에 못 미쳤다.[33]

셋째, 교룡산성의 철수이다. 남원에는 남원본성(府城)과 교룡산성이 있다. 교룡산성은 남원본성에서 서북쪽으로 약 3km 떨어진 교룡산

---

31 「남원시, 남원읍성 복원·발굴조사 '재조명'」, 『천지일보』, 2020년 7월 16일 자.
32 『선조실록』 30년 5월 10일(경자)조.
33 『선조실록』 30년 5월 25일(을묘)조 정기원 서장.

교룡산성

중턱에 자리하고 있다. 백제 때 처음 쌓았고, 1593년(선조 26) 승병장 처영(處英) 등이 권율의 명에 따라 수축했다. 둘레는 3,120m이고, 오늘날 문지(門址), 수구(水口), 옹성(甕城) 등 일부 유적이 남아있다.

정유재란이 발발하자 교룡산성에 남원과 인근 6개 읍의 군량을 산성으로 옮겨 방어에 나섰다. 양원은 남원본성이 매우 견고하며 해자가 깊은 것을 보고 수성할만하다며 교룡산성에 보관된 군량과 군기를 모두 본성으로 옮기도록 명했다. 그 이유를 요약해본다. 본성이 있는데 산성에 놓아두면 인심이 두 갈래로 나뉘어 패망을 부르는 길이다. 적이 본성에 점거하고 산성을 포위하여 지구전을 펼치면 산성이 피폐되어 10일이 못되어 모두 죽게 된다. 전력은 한 곳으로 집중해야 한다.

모든 백성을 성안에 들어와 방어하겠다는 굳은 의지를 다지고, 또 군사를 나누어 요해지를 지키고 병마를 거느리고 출전하면 승전을 거둘 수 있다. 만약 불가피한 사태가 벌어지면 그때 가서 수성하는 대책을 다시 세우면 된다.[34]

넷째, 군기와 전력 보충이다. 양원이 남원으로 내려갈 때 군기시 소속 파진군(破陣軍) 12명과 대포 27기를 가지고 갔다. 당시 군기시에는 대포 총 3백기가 있었다.[35] 각 성문마다 대포 몇 기씩 나누어 배치해 두었다.[36] 또 남원을 비롯한 호남을 방어할 조선 군사들을 모아 전력 증강을 도모하였다. 명 유격 진우충이 연수병(延綏兵) 2천 명을 거느리고 남원과 가까운 전주로 들어와 주둔하였다. 당초 제독 마귀가 혹시 위급한 사태가 일어날 때 남원은 전주에 알리고, 전주는 공주에 알리고, 공주는 한양에 알리고, 또 차례로 달려가 지원하도록 하는 대책을 세워놓았다.[37]

4. 양원의 남원성 결전 상황

정유왜란 초기 대규모로 편성된 일본군의 공세는 매우 거셌다. 육

---

34 『선조실록』 30년 6월 18일(정축)조 정기원 서장.
35 『선조실록』 30년 6월 15일(갑술)조.
36 『西厓先生文集』 권16 「記南原陷敗事」: "軍器寺破陣軍十二人, 隨楊總兵元入南原. ⋯⋯ 城門安大砲數三坐."
37 『난중잡록』 정유년 8월: "(16일)當初麻貴分付諸將曰: 脫有緩急, 南原告全州, 全州告公州, 公州告京城, 次次馳援."

지와 바다에서 각각 호남으로 진공해왔다. 모리수원(毛利秀元)이 총괄한 우군 30,000명은 곽준(郭埈), 조종도(趙宗道), 백사림(白士霖) 등이 지키던 황석산성을 격파한 뒤 운봉, 장수를 거쳐 전주로 진공해왔다. 또 우희다수가(宇喜多秀家)가 총괄한 좌군 49,600명과 등당고호(藤堂高虎) 등이 거느린 수군 7,200명이 합세한 56,800명이 구례를 격파한 뒤 남원으로 진공해왔다.

일본군이 남원성을 공격하기 위해 소속 군사들을 성의 4면으로 나누어 배치하였다. 현재 알려진 일본군의 남원성 작전도는 2종이 있다. 한 종은 앞에서 언급한 녹아도현립도서관에 소장된 「왜군남원성침공작전도」이다. 여기에는 성의 4면으로 나누어 각 면마다 배치된 장수 명단과 소속 군사의 숫자가 적혀 있다.

아래에 「왜군남원성침공작전도」에 기술된 일본군의 배치 사항과 소속 군사를 도표로 만들어본다.

방향	장수	인원수
동면	蜂須賀家政	7,200명
	生駒一正	2,700명
	毛利吉成父子	2,000명
	島津忠豊	800명
	秋月種長	300명
	高橋元種	600명
	伊東祐兵	500명
	相良賴房	800명
	소계	14,700명

남면	脇坂安治	1,200명
	宇喜多秀家 [군감 竹中重利]	10,000명
	藤堂高虎 [군감 太田一吉]	2,800명
	소계	14,000명
서면	小西行長	7,000명
	宗義智	1,000명
	松浦鎭信	3,000명
	有馬晴信	2,000명
	大村喜前	1,000명
	五島玄雅	700명
	소계	14,700명
북면	島津義弘	10,000명
	加藤嘉明	2,400명
	來島通總	600명
	菅平達長	200명
	소계	13,200명
총계		56,800명

다른 한 종은 『조선물어(朝鮮物語)』 중 「남원성취기도(南原の城取寄の圖)」이다. 『조선물어』(일명 『大河內秀元朝鮮記』)는 1663년(관문 3)에 일본 대하내수원(大河內秀元)이 정유재란 시기 군감 태전일길(太田一吉)을 모시고 각종 전투에서 나서면서 보았던 제반사항을 정리 기술한 책자이다. 「남원성취기도」에는 성의 4면으로 나누어 각 면마다 배치된 장수 명단이 적혀있다.

아래에 「남원성취기도」에 기술된 일본군의 배치 사항을 도표로 만들어본다.

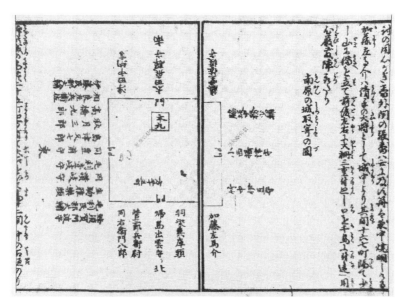

『조선물어』 중 「남원성취기도(南原の城取寄の圖)」

방향	장수	비고
	蜂須賀阿波守	[蜂須賀家政]
	毛利民部大輔	[毛利高政]
	生駒雅樂頭	[生駒親正]
	同讃岐守	[生駒一正]
	毛利壹岐守	[毛利勝信]
동면	同豊前守	[毛利勝永]
	島津又七郎	[島津忠豊]
	秋月三郎	[秋月種長]
	高橋九部	[高橋元種]
	相良左兵衛佐	[相良頼房]
	伊藤民部大輔	[伊東祐兵]

남면	浮田中納言	[宇喜多秀家]
	太田飛彈守	[太田一吉]
	藤堂佐渡守	[藤堂高虎]
서면	脇坂中務少輔	[脇坂安治]
	小西攝津守	[小西行長]
	竹中伊豆守	[竹中重利]
북면	加藤左馬介	[加藤嘉明]
	羽柴兵庫頭	[島津義弘]
	歸島出雲守	[來島通總]
	菅三郎兵衛尉	[菅三郎兵衛(和泉)]
	同右衛門八郎	[菅權之佐(右衛門八)]

　두 도면을 보면 성을 4면으로 나누어 배치된 장수의 명단은 전반적으로 같으나 일부 장수의 배치가 약간 차이가 있다. 예를 들면「왜군남원성침공작전도」에는 협판안치(脇坂安治)와 죽중중리(竹中重利)를 남면에 배치해놓았는데,「남원성취기도(南原の城取寄の圖)」에는 이들을 서면에 배치해놓았다. 또「왜군남원성침공작전도」에는 종의지(宗義智), 송포진신(松浦鎭信), 유마청신(有馬晴信), 대촌희전(大村喜前), 오도현아(五島玄雅)를 동면에 배치해놓았는데,「남원성취기도」에는 찾아볼 수 없다. 아마도 전투하는 과정에서 작전 상황에 따라 일부 군사를 다른 쪽으로 이동시키거나 후방으로 빼돌린 것으로 추측된다.

　「남원성취기도(南原の城取寄の圖)」의 일본 장수 배치와 막부에 조명 순절자를 살육한 군공 보고서의 일본 장수의 배치가 일치한다. 따라서「왜군남원성침공작전도」는 남원성을 침공할 초기에 작성된 작전도이고,「남원성취기도」는 남원성 함락 직전의 작전도로 추정된다.

반면 남원성을 지키는 조명연합군의 인원수는 대략 4,300~5,000
여 명으로 일본군에 비해 아주 미약하였다. 먼저 독자들의 편의를 위
해 조명연합군의 세부 구성원과 남원성 전투 이후 사항을 도표로 만들
어본다.

소속	구분	인원수	전사자	생존자	생존율
명	요동영병, 가정, 잡류	3,117명[*]	2,947명	170여 명[*]	5.45%
조선	관군	700여 명[**]	779명		
	의병	500~600명[****]			
	민초	최다 수백 명			
총계		대략 4,300~5,000여 명	3,726명[***]		

[*] 『경략어왜주의(經略御倭奏議)』 기록.
[**] 『선조실록』과 『사대문궤(事大文軌)』 기록.
[***] 『조선물어(朝鮮物語)』 기록.
[****] 이의환의 분석을 따르나 명군의 생존율에 비추어 대폭 축소 내지 의병을 관군에 포함시켜야 함.

병력 구성은 명군, 조선 민관군으로 나뉜다. 명군은 총 3,117명이
다. 앞서 언급했듯이 양원이 요동영병, 가정, 잡류 등 총 3,117명을
데리고 압록강을 건넜다. 이들 가운데 남원성 전투 때 탈주하여 은진
관에 도착한 인원은 170여 명이다.[38]

조선 관군은 700여 명이다. 조선 조정이 남원성 전투 때 탈주한

---

38 『경략어왜주의』 권2 「會參楊元·陳愚衷疏」: "今二十五日楊元差人稟稱, 隨出見在者一
百七十餘人. 到職案照楊元所領遼東官兵幷家丁·雜類等項共三千一百一十七員名, 今見存
之數不滿二百. 卽有間行續到者, 計城中所坑, 已近三千矣." 『兩朝平攘錄』에 은진관에 도
착인 병사를 117명으로 적었는데, 여기에서는 당시 명군을 총괄한 군문 형개의 『경략어
왜주의』의 기록을 따랐다.

양원의 통사 박의성(朴義成)의 말을 빌려 명 군문(軍門)과 조선군무도찰원(朝鮮軍務都察院)에 이자하면서 남원성 전투에서 순국한 조선군사가 7백여 명이라고 했다.[39] 또 조선 조정이 명 군부에게 남원성 전투의 피해사항을 알려주면서 이복남이 당초 거느린 병사가 1천여 명인데, 적진을 뚫고 남원성으로 들어가서 거느린 병사는 7백 명이라고 했다.[40]

당시 전라병마절도사 이복남, 방어사 오응태(吳應台)가 조정의 명에 따라 남원성을 방어하는 임무를 띠고 관군을 데리고 지원에 나섰다. 이복남은 본도 군병, 한양 포수 등 1,000여 명을 거느리고 왔으나, 도중에 적진을 뚫고 나오는 과정에 많은 손실을 입어 50여~400명만 성안으로 들어왔다.[41] 오응태는 막 부임한 상태라 병사들을 모집을 하지 못해 참전하지 못했다.

이밖에 남원성에는 교룡산성 별장 신호(申浩)가 거느린 병사, 남원성을 지키던 부사 임현(任鉉)의 병사, 구례현감 이원춘(李元春)이 퇴각

---

39 『선조실록』30년 9월 2일(기축)조: "移咨于總督經略軍門及經理朝鮮軍務都察院曰: 朝鮮國王爲查報南原失守緣由事. 楊總兵跟隨通事朴義成, 自南原跳出說稱: 城陷時, 總兵帶百餘騎, 透重圍去了. 本道兵馬使李福男, 別將申浩, 求禮縣監李元春, 城裏巷戰不支, 與總兵伺候鄭期遠, 府使任鉉, 判官李德恢, 通官李春蘭及官兵共七百餘名, 盡被殺死."

40 『事大文軌』권3「本國查報南原失守」: "全羅道兵馬節度使李福男, 防禦使吳應台等, 統領本道軍兵, 幷京調砲手, 星馳赴援, 而吳應台新任防禦未及叫集軍兵, 唯李福男率精銳千餘, 犯陣殺入, 及透城裏, 所領僅七百名, 協助天兵守陣拒戰."

41 『난중잡록』과 『남원부지』는 모두 이복남이 거느린 군사가 거의 다 흩어지고 편비 50여 명만 데리고 왔다고 했고, 「兩蹇堂黃公行狀」과 「纂述先考兩蹇堂壬辰倡義擊倭日記」는 이복남이 거느린 군사는 100여 명이라고 했다. 반면 일본 『直茂公譜考補』는 이복남이 거느린 군사가 400여 명으로 조선 측의 기록보다 훨씬 많다. 아마도 조선 측과 일본 측에서 나온 관점 차이로 보인다. 황대중의 의병 200명이 이복남의 군사와 합세하여 입성했다. 이때 조선 측에서는 따로 계산했고, 일본 측에서는 모두 이복남의 군사로 계산했지 않았나 생각된다.

하며 거느리고 온 병사 등이 있다. 당초 남원성에 있던 조선군의 병력 수는 이보다 훨씬 많았는데, 조만간에 일본군이 쳐들어온다는 소식이 전해지자 일시에 성을 탈주하는 자들이 많아 숫자가 크게 감소되었다.[42]

선행학자 이의환의 분석에 의하면 황대중 등이 거느린 의병의 숫자가 5~600명이라고 했는데,[43] 황대중(黃大中)과 관련된 문헌 외에 다른 근거를 아직까지 찾지 못했다. 『양건당문집(兩蹇堂文集)』에는 황대중이 남원성 전투에 참전한 사항을 기술한 「남원순절기(南原殉節記)」가 수록되어 있다. 정릉참봉 황대중은 체찰사 이원익(李元翼)의 명을 받아 모은 산졸 200명을 거느리고 이복남의 군사 1백여 명과 합세하여 남원성으로 들어왔다.[44] 여기의 황대중이 거느린 산졸 200명을 어떻게 계상해야 하는지? 이의환은 황대중의 산졸을 의병의 병력수로 따로 계상했는데, 황대중의 산졸이 남원으로 들어오는 도중에 이복남의 군사와 합세했다고 한 「남원순절기」 문맥으로 보아 이복남의 병력 안에 포함시켜야 한다. 이밖에 다른 장수들의 거느린 의병이 있는데, 현존 사료에서 구체적인 인원수에 대해 알려진 바가 없다.

조선 관군, 의병 외에 남원성을 사수하기 위해 목숨을 건 남원 민초들이 있을 터인데, 아직까지 관련 사료를 찾지 못했다. 다만 그 숫자는

---

42 『난중잡록』 정유년 7월: "(5일)是夜南原守城諸軍, 一時踰城潰散."

43 이의환, 「丁酉再亂時의 南原城戰鬪에 對하여」, 앞의 서지, 63~103쪽.

44 『兩蹇堂文集』 권2 「南原殉節記」: "而南原危在朝夕, 體察使李公元翼使公行收散卒二百送之, 公與全羅兵使李福男同赴南原." 동서 권2 「兩蹇堂黃公行狀」: "一日, 檄召全羅道兵使李福男所率纔百餘人, 與公所領二百合到城下."

많아도 수백 명을 넘지 않을 것으로 보인다. 전투 당시 조명 민관군의 전체 숫자는 대략 4,300~5,000여 명으로 추정된다. 여기에서 명군 3,117명, 관군 700명과 인원 미상의 의병을 제하면, 민초의 숫자는 많아야 수백 명이라는 결과를 이끌어낼 수 있다.

다음으로 남원성 전투에서 전사한 조명 민관군의 숫자에 대해 알아본다. 여기에 관해 문헌 기록이 3종 있다. 첫째, 난후에 대하내수원(大河內秀元)이 정리한 『조선물어』 기록이다. 일본군이 남원성 전투에서 살육한 인원수가 3,726명이라고 했다.[45] 여기에 관한 자세한 분석은 집필자의 「정유재란 남원성 전투 순절 무덤과 제향」을 참조하기 바란다.[46] 둘째, 난후에 조경남(趙慶男)이 작성한 『난중잡록』 기록이다. 남원성 전투에서 사살당한 사람이 근 5,000명이라고 했다.[47] 셋째, 1834년(순조 34)에 조인영(趙寅永)이 작성한 「남원충렬사순의비명(南原忠烈祠殉義碑銘)」 기록이다. 남원성이 함락당해 죽은 자가 5,000여 명이라고 했다.[48]

상기 3종 문헌 가운데 『조선물어』 기록이 가장 신뢰성을 가진다. 『조선물어』의 저자 대하내수원(大河內秀元)은 남원성 전투에 직접 참여했다. 『조선물어』에 적힌 살육자의 숫자는 일본 막부에 올리는 군공 기록이다. 통상적인 군공 기록은 자신의 공을 내세우기 위해 되도록

---

45 大河內秀元 『朝鮮物語』 권상, 慶長 2년 8월: 참조.
46 「정유재란 남원성 전투 순절 무덤과 제향」, 앞의 서지, 117~130쪽.
47 『난중잡록』 정유년 8월: "(16일)城中前後死者, 幾至五千餘名."
48 趙寅永 「南原忠烈祠殉義碑銘」: "萬曆丁酉八月, 倭再入寇, 賊酋義知·行長·義弘等糾十萬兵, 圍南原六日, 而城陷死者五千餘人."

살육한 자의 숫자를 부풀린다. 반면 조경남은 남원 출신의 의병장이
나, 남원성 전투와 그 직후에 가솔들을 데리고 여러 지역으로 떠돌아
다니며 피난을 가있었다.[49] 조인영의 기록은 남원성 전투가 펼쳐진지
238년 이후에 작성된 것이다.

아래에 새로운 방식을 통해 남원성 전투에 참여한 조선 민관군의
인원수가 어느 정도 규모인지를 추측해본다.

첫째, 명군 생존자의 비율이다. 명군의 전체 인원수는 3,117명이다.
이들 가운데 생존자가 170여 명이고, 전사자는 2,947명이다. 생존자
의 비율은 약 5.45%이다. 일본군이 남원성에서 살육했다고 한 조명
인원수는 3,726명이다. 여기에서 명군의 전사자 2,947명을 제하면 조
선군의 전사자는 779명이라는 수치가 나온다. 이 수치에다 명군 생존
자 비율 약 5.45%를 도입해 계산해보면 조선군의 전체 인원수는 824
명이라는 결과가 나온다. 여기에다 남원에 남아있던 민초를 더한다고
하더라도 전체 숫자는 별로 많지 않을 것으로 보인다.

둘째, 남원성 성곽 방어에 배치된 조선군과 명군의 비율이다. 일본
군이 남원성을 4면으로 나누어 공격하자, 조명연합군도 성곽 4면으로
나누어 방어했다. 명군 3,117명이 동, 서, 남면 등 3면을 각각 나누어
방어했는데, 이를 평균 계상해보면 성곽 1면 당 1천 명이 조금 넘는다.
따라서 북면을 맡은 조선군의 전체 숫자는 평균 수치에서 크게 벗어나
지 않을 것으로 보인다.

---

49 조경남이 남원성 전투와 그 직후에 가솔들과 함께 피난을 간 장소는 향로봉 은신암
(隱身庵), 월락동(月落洞), 서운암(瑞雲庵), 경덕사(敬德寺), 파근사(波根寺), 송림사(松
林寺) 등지이다. 『난중잡록』 정유년 8월 16일, 22일, 9월 2일, 9일, 15일조.

다음으로 남원성 전투가 펼쳐진 장면을 일자별로 살펴본다. 8월 7
일에 일본군이 구례를 점거한 뒤 선봉대를 보내어 남원 경내로 쳐들어
왔다. 이 소식을 접한 양원은 군사를 거느리고 성 밖으로 나가 숙성령
(宿星嶺: 현 남원 주천리 용궁리)을 순시하고 돌아왔다.

8일에 양원은 군사 8백 명을 성위에, 1천 2백 명을 토장(土墻) 안에
각각 배치하고, 유군(遊軍) 1천 명을 대기시켰다.[50]

9일에 의병장 박계성(朴繼成)이 500여 명을 거느리고 율치(栗峙, 밤
재; 현 구례 산동면 계천리)에서 일본군을 물리쳤고, 또 둔산령(屯山嶺; 현
남원 수지면 호곡리 견두산)에서 싸우다 전사했다.[51] 이때 즈음 소서행장
의 부하들이 숙성령으로 넘어오자 박필남(朴弼男)이 용추동(龍湫洞)에
잠복하다가 야습하여 60여 급을 죽였다.[52]

10일에 구례현감 이원춘이 퇴각한 군사를 이끌고 남원성으로 들어
왔다. 양원은 산성 안과 남원본성 바깥의 가옥들을 모두 소각시키는
청야전술을 펼쳤다.

11일에 양원은 성 안팎을 순시하고 군기를 점검하며 장졸들에게 전
투의지를 고취시켰다. 전라도병마절도사 이복남, 조방장 김경로, 산
성별장 신호 등이 남원성으로 들어왔다.[53] 이복남이 당초 군사 1천여

---

50 『난중잡록』 정유년 8월: "初八日, 楊元分軍守堞, 城上八百名, 土墻內一千二百名, 遊
軍一千名, 分遣家丁于我國諸陣, 督入同守."

51 『湖南節義錄』 권3하 朴繼成: "丁酉倭酋義弘等, 自求禮入南原, 公强疾起義倡, 率五百
餘人, 拒守屯山嶺咽喉之地, 倭兵四至圍府城甚急, 府使任鉉請公爲外援, 公遂策馬至栗峙,
見賊兵躪後, 撥馬衝突, 擊殺數百餘級, 賊乃退. 賊又踰宿星嶺而來, 公挺身突擊, 自午至
暮, 殺百餘級, 聲震如雷, 矢竭力折, 奮身搏擊, 撕殺以進賊. 血灑衣盡赤, 中丸而死."

52 『湖南節義錄』 권2하 朴弼男: "丁酉倭酋平行長踰宿星嶺, 軍聲甚多, 率兵晝伏于龍湫
洞, 乘賊夜睡, 襲殺六十餘賊."

명을 거느리고 오다가 도중에 흩어지고 겨우 50여 명~400명만 성안으로 들어왔다.

일본승 경념(慶念)이 적은 남원 침공 기록을 적어본다. 13일(일본력 12일)에 높은 산은 일본에서도 보지 못한 험한 산이었다. 큰 바위들이 마치 갈아놓은 창검과 같다. 무서운 폭포가 있는데, 마치 죽음의 강 언덕처럼 소름끼쳤다. 사람의 발이나 말발굽도 견딜 수 없는 듯하다. 구름에 둘러싸인 산봉우리를 헤쳐 나갔다.[54] 여기의 폭포는 바로 수락폭포(현 구례 산동면 수기리)를 지칭한다. 당시 일본군이 여러 갈래로 나누어 험한 길을 택하여 남원으로 들어왔음을 알 수 있다.

양측 진영이 제대로 맞붙은 남원성 전투는 8월 13일부터 16일까지 이루어졌다. 여기에 관해 남원 출신으로 난후에 남원성 전투 상황을 정리한 조경남의『난중잡록』, 남원성 전투에서 탈출한 김효의(金孝義)의 공초를 정리한 유성룡(柳成龍)의「기남원함패사(記南原陷敗事)」, 남원성에서 패전한 양원의 죄상을 적은 명 형개(邢玠)의『경략어왜주의(經略御倭奏議)』, 남원성 침공에 나선 일본승려 경념(慶念)의『조선일일기(朝鮮日日記)』등을 중심으로 요점 정리해본다.

13일:『난중잡록』은 이날 양측 진영 사이에 몇 차례 소규모 전투가 이루어졌다고 했다. 소서행장(小西行長), 종의지(宗義智) 등이 방암봉(訪岩峯)에 진을 치고 세 길로 나누어 쳐들어와 남원성을 포위했다. 양원

---

53 교룡산성별장 신호가 남원성에 들어온 시일에 대해 문헌에 따라 다르다.『난중잡록』은 이복남과 함께 성으로 들어갔다고 했고(정유년 8월 11일조),『湖南節義錄』은 남원성이 함락될 때 성에 들어와 싸웠다고 했다.(권3하 申浩)

54 慶念『朝鮮日日記』慶長 2년 8월 12일조.

과 중군 이신방(李新芳)은 동문, 천총 장표(蔣表)는 남문, 천총 모승선(毛承先)은 서문, 전라도병마절도사 이복남은 북문으로 나누어 성을 지켰다. 양원은 군기를 함부로 허비하는 것을 엄하게 금했다. 오시에 일본군이 동문 밖으로 쳐들어오자 포수가 포와 총을 쏘아 이를 막아냈다. 미시에 대규모 일본군이 칠장(漆場), 선원(禪院)으로부터 쳐들어왔으나 성안에서 발사한 진천뢰(震天雷)로 많은 사상자를 내고 물러갔다. 밤 2경에 일본군이 참호 바깥에 매복해놓은 못판을 제거하고자 몰래 다가왔으나, 명군이 성 밖으로 출전하여 이들을 죽였다. 양원은 즉시 사방 성문의 다리를 철거시켰다.

「기남원함패사」는 이날 조명연합군의 방어가 큰 효과를 거두지 못했다고 했다. 적 선발대 백여 명이 셋 다섯씩 나누어 쳐들어오자, 성 위에서 승자소포(勝字小砲)로 대항했지만 본진이 멀리 떨어져 있는데다가 수시로 출몰하는 바람에 제대로 맞출 수가 없었다. 오히려 적탄이 성 위의 사람을 맞혀 사상자가 이따금 생겼다. 이날 일본군이 성 아래로 와서 사람을 불러내자, 양원이 부하를 시켜 나가보니 전투를 하겠다는 약전서를 보내왔다.

14일: 『난중잡록』은 이날 대규모 전투가 이루어졌다고 했다. 일본군이 학익진을 펴며 성 밖에 다가와서 사방으로 둘러쌓다. 비운(飛雲), 장제(長梯)로 성을 오를 채비하고, 풀, 짚단, 흙, 바위 등으로 해자를 메워갔다. 또 일본군이 장벽이나 판자로 엄폐하며 총을 쏘아대었으나, 성 안팎에 지키던 명군이 이들을 막아내었다. 서문의 일본군이 만복사(萬福寺)의 사천왕상을 끌고 와서 심리전을 펼치는 바람에 성내에서 소란이 있었다. 양원이 병사 천여 명을 이끌고 성문으로 나가 선제공

「남원읍성」

격을 가했으나, 오히려 잠복한 적병의 공격을 받고 급하게 성안으로 퇴각하였다.

「기남원함패사」는 이날 전투가 격하게 이루어졌다고 했다. 일본군이 성을 포위하고 공격해오자 전날처럼 총과 포를 번갈아 쏘며 대응하였다. 전번 청야전술로 남문 바깥의 민가들을 불태워버렸으나, 돌담과 흙벽을 제대로 처리하지 못해 조금 남아있었다. 일본군이 이것들을 엄폐물로 삼아 총과 포를 쏘아 성 위의 사람을 맞추어 사상자가 나왔다.

『조선일일기』는 일본군이 남원성을 함락시키는 작전 회의를 펼쳤다고 했다. 경념(慶念) 소속 군사는 남원성에서 5리 정도 떨어진 곳에 진을 쳤다. 이들은 성을 함락시키기 위해 작전을 펼친 후에 저녁에 공격하기로 결정하고, 대명인 5~6만 쯤은 한꺼번에 쓸어버릴 수 있다고 장담했다.[55] 모두들 남원성을 함락시킬 수 있는 말을 듣고는 기뻐하고 휴식을 취하였다.

15일: 『난중잡록』은 이날 양측 진영 사이에 교섭과 전투가 잇달아 이루어졌다고 했다. 일본군이 동문 바깥에 와서 전갈이 있다고 청하자, 양원이 통사를 시켜 만나면서 차사 대화가 이루어졌다. 양원의 가정이 방암봉을 가서 소서행장을 만났고, 일본차사도 용성관에 와서 양원을 만났다. 일본차사가 성을 비우기를 원한다는 소서행장의 말을 전하자, 양원이 15세부터 장수가 되어 전장을 돌아다니며 이기지 못한 적이 없다며 단호하게 거절했다. 또 일본차사가 천여 명으로 어떻게 백만의 군사를 이길 수 있고, 명나라가 조선에 무슨 은혜가 있어 후회할 일을 남기려하느냐고 회유하였다. 이날 일본군의 공세가 거세지자, 성안의 형세가 다급하여 점차 외롭고 위태해졌다. 명군이 서로 부르짖기 시작했고, 조선 사람들도 동분서주하며 울부짖었다. 일본군이 이것을 알고 공세가 더욱 심해졌다. 비가 내리는 야음을 틈타 일본군이 공격해오자, 성안의 군사들이 이들을 맞서 싸우느라 잠자리나 식사할 틈도 없었다.

「기남원함패사」는 일본군의 공세가 아주 거세고 성이 함락될 위기에 빠졌다고 했다. 명 유격 진우충의 군사 3천 명이 전주성에 주둔하고 있었다.[56] 남원성의 사람들이 지원병이 오기를 기다려도 오지 않자 사

---

55 여기의 5~6만 명은 일본군이 승전을 이끌어 낼 수 있다는 과장법에서 나왔다.
56 명 진우충이 거느리고 온 군사는 2천 명이다. 「기남원함패사」에서 진우충의 군사가 3천 명이라고 한 것은 오기가 아니면 전주성에 주둔한 조선군을 포함시킨 숫자로 추측

기가 크게 떨어졌다. 이날 늦게 일부 병사들이 귓속말을 하며 말위에 안장을 얹어놓았다. 초경에 일본군이 흙으로 참호를 메우고 포와 총을 쏟아내니 성 위의 군사들이 감히 밖을 쳐다보지 못했다. 한두 시각이 지나니 참호가 다 메어지고 쌓은 토담이 성의 높이와 같았다. 일본군이 성첩으로 기어 올라오니 성안이 크게 혼란해졌다.

『조선일일기』는 이날 폭우가 내리는 장면을 적어놓았다. 저녁부터 내리는 폭우는 쏟아지는 폭포수와 같았다. 우지(雨紙)로 덮은 진막에 있었지만, 비가 쏟아지는 것에 겁이 나서 잠이 오지 않았다. 『이세물어(伊勢物語)』에 나오는 도깨비 귀일구(鬼一口)를 연상하게 한다.

16일: 『경략어왜주의』는 이날 양원이 허둥대며 탈주했다고 했다. 야밤에 양원이 장막 속에서 남문이 열려 무너졌다는 소리를 듣고 미처 옷을 입지 못한 채 맨발로 나갔다. 지금 그가 입고 있는 옷과 신발은 남으로부터 빌려 입은 것이다.[57] 『양조평양록(兩朝平攘錄)』에 양원이 탈출한 과정이 소상하게 적혀있다. 1경에 일본군이 갑자기 남문에 몰려와 성곽을 넘어 성문을 열었다. 양원이 장막 속에 있다가 놀라 일어나 미처 옷을 입지 못한 채 맨발로 대청에서 나왔다. 전보관 영국윤(寧國胤)의 옷과 신발을 빌려 입고 가정 18명을 데리고 서문으로 탈출했다.[58]

된다.

57 『경략어왜주의』권2「會參楊元·陳愚忠疏」: "十六日之夜, 南門旣啓, 元自帳中聞驚潰之聲, 不及披衣, 倉皇跣足而出走, 至今所着衣靴, 猶係借之."

58 『兩朝平攘錄』: "(만력 25년 8월)至十六日一更, 倭忽擁至南門, 猝時登城, 先開城門, 賊遂入城. 楊元在帳中聞之驚起, 不及被衣, 跣足出廳上, 脫傳報官寧國胤衣靴, 帶隨從家丁十八人, 逃出西門. 元所統領, 除李福男等, 凡遼東營兵并家丁雜流, 共三千一百一十七員名, 及出圍從大路西益鳳山走三日, 直至恩津館, 查見在者一百十七人而已. 李福男等皆死賊中."

　『난중잡록』은 이날 남원성이 함락되고 양원이 탈주했다고 했다. 양원이 끝내 함락될 것을 여기고 탈주할 계획을 세우자, 성내의 사람들이 법석대며 두려워하며 울부짖었다. 2경에 적이 남문으로 마구 몰려들어와 살육하자, 명군과 조선군들이 북문으로 몰려갔다가 모두 죽임을 당했다. 명 중군 이신방, 천총 모승선, 장표, 조선 접반사 정기원, 병사 이복남, 방어사 오응정(吳應鼎),[59] 조방장 김경로, 별장 신호, 남원부사 임현, 통판 이덕회(李德恢), 구례현감 이원춘 등이 전사했다. 양원이 50여 기로 서문으로 나와 포위망을 뚫고 달아났다. 이때 접반사 정기원을 살리고자 했으나, 정기원이 말 타는데 익숙하지 못해 누차 떨어지는 바람에 데리고 나오지 못했다. 전주 진우충이 지원에 나오지 않고 또한 급함을 알리지도 않아 대군이 몰살되었다.

　「기남원함패사」는 이날 남원성이 함락되어 명군들이 거의 전멸을 당했다고 했다. 명군이 창졸간에 말을 타고 북문으로 빠져나가려고 하다가 문이 열리지 않아 거리가 꽉 막혔다. 얼마 있다가 문이 열려 다투어 성 밖으로 빠져나갔으나 성 주변을 둘러싼 일본군에 의해 죽임을 당했다. 마침 날이 밝아 일부가 빠져나갈 수 있었다. 양원은 부하 몇 사람과 함께 빠져나와 겨우 죽음을 면하였다.

　『조선일일기』는 남원성을 함락시키는 과정을 적어놓았다. 연락에 의하면 내일 새벽에 공격하기로 했다. 돌담에 바짝 의지하니 벌써 해가 저물었다. 여러 진에서 쏘아대는 총알과 화살에 생각지도 않은 사

---

59 吳應井은 남원성 전투 때 문안사, 吳應鼎은 방어사로 나섰다가 모두 순절했다. 따라서 『난중잡록』에서 기술한 방어사 吳應井은 吳應鼎의 오기이다.

람들이 죽어갔다. 성에서 쏟아대는 철포, 반궁(半弓)에 생각지도 않은 사람들이 죽어갔다. 이날 저녁에 공격하여 성을 함락시켰다. 비주(飛州) 성주의 부하들이 가장 먼저 치고 들어갔다며 주인장을 내려주기를 건의하였다.

　남원성에서 탈주한 양원은 대로 서쪽을 따라가서 익봉산(益鳳山)을 넘고 3일 동안 걸어서 충남 은진관에 도착했다.[60] 이곳에서 군사를 점호해보니 170여 명뿐이었다. 당초 압록강을 건널 때 군사는 3,117명이었는데, 이번 전투에서 근 3천 명을 잃은 대패였다. 조선 측도 이와 준하는 많은 전사자가 나왔다. 이날 밤늦게까지 일본군의 살육이 이루어졌다. 대하내수원(大河內秀元)의『조선물어』에 의하면 일본군의 남원성은 해시(21시~23시)에 성을 함락시켰다고 했다.[61] 한편 일본 측에서도 많은 부상자가 생겼다. 남원에서 다친 부상자들이 약을 달라며 아우성을 쳤다. 왕진을 바라는 부상자들이 많았다. 고통에 겨워하는 부상자를 보고 너무 딱하고 괴로웠고, 또한 자기 몸이 하나였다며 한스럽다고 했다.[62]

60　양원이 남원성에서 탈출한 성문에 대해 문헌 기록에 따라 서문과 북문으로 나뉜다. 『경략어왜주의』,『양조평양록』,『난중잡록』,『象村先生集』은 서문으로 기술했고, 반면 『징비록』은 북문으로 기술했다. 당시 조선관군이 지키던 북문이 열리지 않아 몰려든 명 군들이 많아 길이 막인 점으로 보아 양원이 북문으로 탈출한 것이 아니고 서문으로 탈출 했던 것으로 추정된다. 또 양원이 탈주할 때 데리고 간 군사에 대해서도 문헌 기록에 따라 약간씩 다르다.『선조실록』(30년 9월 1일) 跟隨通事 朴義成 공초는 100여 기,『난중 잡록』은 50여 기,『양조평양록』과『해동역사』는 18명로 적고 있다.

61　『朝鮮物語』권상, 慶長 2년 8월: "言上高麗南原城慶長二年丁酉八月十五日亥刻落城." 일본력 15일은 조선력 16일에 해당된다.

62　『朝鮮日日記』慶長 2년 8월 21일조.

5. 양원의 남원성 패전 원인

여기에서는 명 양원이 남원성 전투에서 패전한 원인에 대해 알아본다. 첫째, 조명연합군 인원수의 중과부적이다. 남원 수성전을 펼치는 조명연합군의 병력은 4,300명~5,000여 명이다. 명 양원이 이끌고 온 자국의 병력도 적었고, 남원으로 보낼 조선 지원군의 병력도 적었다. 반면 남원성 공략에 나선 일본군의 병력은 56,800명이다. 통상 공성전에 있어 수성하는 측이 훨씬 유리하다. 역사적으로 수성의 병력이 공성의 병력보다 조금 적다하더라도 방어에 성공한 전투 사례가 아주 많다. 하지만 수성의 병력이 공성의 병력보다 10배나 부족한 상황에서 방어해내기란 사실상 무척 어렵다. 객관적으로 전력의 현격한 열세가 남원성을 무너지게 만든 결정적인 원인이라고 할 수 있다.

둘째, 지원군 부족과 무너진 지원체계이다. 조선 조정은 남원 수성에 나선 명군의 인원이 적다며 여러 차례 제기할 정도로 문제점을 잘 인식하고 있었으나, 자국이 보유한 군사가 부족하여 많은 지원군을 보낼 수 없는 현실의 한계점을 보여주었다. 전라도병마절도사 이복남이 거느리고 온 군사는 50여 명~400명이고, 방어사 오응태는 제때 군사를 모집하지 못해 참전할 수가 없었다.

이보다 더 큰 문제는 남원성 인근 전주성에서 주둔한 명 유격 진우충이 지원군을 보내지 않았던 것이다. 양원이 사람을 보내 진우충에 구원을 요청하였지만, 진우충은 지원군을 보내지 않을 뿐만 아니라 자신이 맡던 전주성마저 버리고 도망쳤다. 앞서 언급했듯이 남원에 위급한 사태가 발생하면 전주 ― 공주 ― 한양의 차례로 알리고, 또

역으로 군사를 지원하도록 계획한 명 군부의 대책이 무산되었다.

　셋째, 방어 전선의 붕괴이다. 당초 명 군부는 남원을 방어하기 위해 동쪽으로 운봉령, 남쪽으로 한산도로 꼽아 방어 전선을 구축해놓았다. 그러나 조선 수군이 칠천량 해전에서 궤멸당하고 전략요충지 한산도를 잃게 되어 사전에 구축해놓은 방어 전선이 붕괴되었다. 일본 좌군과 수군이 합세하여 구례를 점거한 뒤 곧바로 남원성으로 진격해왔다. 명 군부가 방어 전선의 붕괴에 대해 지적한 바가 있다. 사전에 구축해놓은 운봉령과 한산도 방어책 가운데 한산도가 함락되고, 조선 권율과 이원익이 지원에 나서지 않는 바람에 일본군이 2,3일 만에 남원성 아래까지 밀고 들어왔다고 했다.[63]

　넷째, 남원성 정보의 유출이다. 양원은 명 군부의 명에 따라 부하를 의녕으로 보내어 일본으로 도망치려는 심유경을 체포하였다.[64] 심유경은 상인출신으로 명 유격의 신분을 달고 조선에 들어와 여러 차례 일본 소서행장과 강화협상에 나섰다. 임진왜란 초기에 평양성의 주둔한 소서행장과 협상하며 명군 본진이 군사 준비하여 조선으로 들어오는 시일을 벌은 공로가 있었다. 이후 명일강화회담에서 협상을 주도적으로 이끌어갔으나 결렬 위기에 빠지자 상대방의 요구조건을 거짓으

---

63 『경략어왜주의』권2「會參楊元·陳愚夷疏」: "照南原爲全羅門戶, 而東之雲峰嶺, 南之閑山島, 又爲南原之門戶, 此朝鮮咨開要害, 稱可屯聚兵馬. 是以臣等楊元以遼兵三千往扼其地, 且恃有該國金應(景의 오기)瑞·李元翼等兵在雲峰之外, 權栗(慄의 오기)之兵在閑山之內, 各爲之障蔽耳. 自金應(景의 오기)瑞獻計而失閑山, 權栗(慄의 오기)·李元翼等又佯趨于東偏, 以致倭不兩三日, 遂抵南原城下. 外求不至, 南原烏得不亡?"

64 『명신종실록』만력 25년 10월 27일(병진)조: "總督邢玠計拘沈惟敬請旨處分, 上命押解來京."

로 조작하여 삼국 모두에게 큰 혼란에 빠뜨렸다. 나중에 거짓이 탄로
나고 더 이상 곤경에서 벗어날 수 없다고 판단하고 일본으로 도망치고
자 하는 도중에 체포당했다. 체포되는 당일에 양원에게 보복하고자
몰래 가정 누국안(樓國安) 등을 소서행장에게 보내어 남원성의 허실에
대한 정보를 유출시켰다.[65]

　다섯째, 일본군의 기세가 거셌다. 정유재란 발발할 때 일본군의 병
력수가 대규모인데다가 남원으로 진격해오는 동안 파죽지세였기에
기세가 대단했다. 훗날 선조가 대신들과 함께 남원성이 함락된 직후
대책을 논하는 자리에서 일본군의 기세가 한참 뻗치는 상황이라 3천
명의 외로운 군사가 대항할 수 있는 상태가 아니라고 했다.[66]

　여섯째, 교룡산성의 포기이다. 남원에는 남원본성과 교룡산성이 있
었다. 양원이 전력을 한 곳으로 집중시켜야 한다며 산성에 비축해온
군기와 군량을 모두 본성으로 옮겼다. 여기에 대해 조선 측은 이것이
전술상 하책이라며 여러 차례 건의했다. 접반사 정기원은 '먼저 북산
에 올라가 점거하는 자가 이긴다', '우세한 지형을 차지하는 자가 이긴
다'는 병법을 들어 산성으로 들어가기를 권유했다. 또 비변사는 본성
과 산성을 기각지세(掎角之勢)로 삼아도 모두 미진하다며 노약자와 민
병이 산성을 지키고, 정병이 명군과 함께 본성을 지키는 방안을 내놓
았다.[67]

---

65 『경략어왜주의』 권2 「守催閩直水兵并募江北沙兵疏」: "沈惟敬挾楊元之仇, 密令樓國
安等以南原空虛又透行長, 以致南原失守."; 『兩朝平攘錄』 권5 「日本下」: "惟敬痛恨楊元,
無由報復, 被擒之日, 暗令樓國安脫身, 報與行長南原虛實."
66 『선조실록』 30년 8월 18일(병자)조.

후세 사람들은 양원이 교룡산성을 포기했던 것을 남원성 패전의 원인으로 꼽았다. 1605년(선조 38) 경에 남원부사 정사호(鄭賜湖)는 남원성에서 죽은 순절자의 영혼을 기리는 시편에서 당시 명군이 교룡산성을 포기했던 사실에 대해 통탄했다. 담력도 없고 병법도 모르는 양원이 교룡산성을 지키지 않고 본성을 지키다가 10만이나 되는 군사들의 죽은 원혼이 밤낮으로 울부짖는다고 했다.[68]

영조 연간에 이도(李燾), 최여천(崔與天) 등은 남원 지방지인『용성지(龍城誌)』를 편찬하면서 정유재란 때 교룡산성을 지키지 못해 남원 사람들이 어육을 면하지 못했다며 통탄했다. 양원은 험악한 산성이 자신이 거느린 마군(馬軍)에 적합하지 않다며 평지인 부성을 지키다가 함락을 당했다. 지금도 사람들이 모두 통한하는 바이다.[69]

훗날 일본장교도 남원성 전투 때 명군이 교룡산성을 포기한 것을 패전의 원인으로 꼽았다. 1942년에 일본장교 관태상(關太常)은『남원전사(南原戰史)』에서 교룡산성이 천혜의 요새를 갖춘 것을 살펴보고 남원성 전투 때 조선 장수가 교룡산성을 활용하자는 의견을 제시했으나, 양원의 부대가 만주 기병이라 산지 전투에 맞지 않아 포기하는 바람에 패전했다고 지적했다.

물론 남원본성과 교룡산성을 함께 지키는 대책이 당시 병력이 크게

---

67 『선조실록』 30년 6월 18일(정축)조 정기원 서장.

68 『南原邑誌』「古蹟」: "府使鄭賜湖弔帶方城詩云: 楊元無膽不知兵, 不守蛟龍守此城, 漢師十萬同時死, 怨入灘聲日夜鳴."

69 『龍城誌』 권2 「城郭」 중 「蛟龍山城」: "謹按丁酉之亂, 若守此城, 南民可免魚肉, 而唐將楊元以爲我以馬軍據險何用, 遂移守平地城, 而竟見陷. 至今國人之所共痛恨者也."

열악한 상황에서 얼마만큼 효과가 있는지는 좀 더 생각해볼 점이 있지만, 기각지세를 갖춘 산성의 험준함을 활용하는 편이 방어 대책에 더 효율적일 가능성이 높다. 일본군이 평지에 있는 남원본성을 함락시키는데 불과 4일밖에 걸리지 않았다. 이것으로 미루어보아 양원이 본성만 지키는 작전에 문제가 있다. 반면 양원을 뒤이어 남원에 들어온 명 제독 유정은 교룡산성에 올라와 물을 얻기 쉽고 성이 커서 용처가 크다며 산성의 가치를 높이 평가하였다.[70]

일곱째, 양원의 자만심이다. 양원은 누차 남원성을 지키는데 전혀 문제가 없다며 일종의 자만심에 빠졌다. 선조가 적이 먼저 산성을 점거하면 위태로우니 잠시 노약자로 하여금 산성을 지키는 방안을 권유했을 때, 양원은 자신이 남원을 지키고 있어 함양, 운봉조차도 적들이 감히 발을 들이지 못한다며 자신의 방어 작전에는 전혀 문제가 없다는 식으로 자만했다.[71] 양원이 지키겠다고 과시한 함양, 운봉은 일본 우군에 의해 쉽게 점령당했다.

여덟째, 양원의 도피 행각이다. 일본군이 남원성으로 접근해오자, 양원은 가정 양승훈(楊承勳)에게 자신의 행장 2상자를 한양으로 옮기도록 명했다. 이 행위는 끝내 양원이 극형에 처하게 된 죄상 중의 하나가 되었다. 명 군부는 싸움에 이기고 지는 것이 병가에서 항상 있는 일이지만, 양원이 사전에 패배를 예견하고 도망칠 행위에 대해 크게 비난했다.[72] 훗날 조인영도 남원성이 고립되어 일본군이 양원에게 성

---

70 『龍城誌』권2「城郭」중「蛟龍山城」: "劉都督嘗登此城, 逐脉穿井, 往往得水. 劉言城大而圯, 用功必大云."
71 『선조실록』 30년 7월 9일(무술)조.

을 버리라고 요구했을 때 양원이 겉으로 완강하게 거절했으나 몰래
도망칠 계획을 세워 온 성의 사람들이 이것을 알고 두려움에 빠졌고,
일본군이 그 두려움을 틈타 성을 함락시켰다고 했다.[73]

아홉째, 양원 방비책의 착오이다. 군문 형개가 양원이 패전한 죄상
을 논하는 대목에서 남원성을 방비하는 대책이 잘못되었다는 점을 들
었다. 양원이 남원성의 군량과 방어물로 십 수 일을 견딜 수 있고 성을
순시하며 사기를 높였다고 했는데, 어찌하여 5일 만에 함락되었는가?
만약 수성할 수 없다면 죽을 각오로 탈출했다면 3천 명이 모두 죽지
않았을 것이다. 또 일본군의 공격이 급하게 하다가 늦추었다 하며 완
급을 조절했는데, 양원의 경비 자세는 날이 갈수록 이완시키는 바람에
참패당했다.[74] 물론 이것이 남원성 패전의 결정적인 요인이 아니지만,
최소한 양원이 방비한 대책과 자세에 문제가 있음이 분명하다. 대규모
일본군에 맞서 방비하는 데에 있어 항상 최고의 경계 자세를 보여야
했으나, 날이 갈수로 경계 자세가 이완시키는 바람에 성이 함락되었
다. 또 결과론이지만 형개는 양원이 남원성을 지키기 어렵다고 일찍
판단하여 모든 군사를 이끌고 탈출을 시도했다면 성안의 군사가 몰살

---

72 『경략어왜주의』 권2 「會參楊元·陳愚衷疏」: "且其家丁楊承勳二十四日回至平壤, 審係
初十日晚出南原者, 已預將行李二箱押送王京. 此不待賊臨城外, 已先有脫身逃死之心, 而
棄三千士馬于度外矣. 元不明出則三千人不敢出, 元旣潛出則三千人又不能出. 元今何顏以
獨生乎."

73 조인영 「南原忠烈祠殉義碑銘」: "而遊擊愚衷慄不敢救, 賊覷之脅元出, 元陽拒之, 潛爲
遁計. 一城洶懼, 賊乘其懼也."

74 『경략어왜주의』 권2 「會參楊元陳愚衷疏」: "第楊元曾自計兵糧守其必可支持十數日之
外, 使其厲氣巡城, 豈便五日遽陷? 又使眞知城不可守, 突圍而出, 觸死而戰, 三千人未必俱
死, 卽死必有當也. 乃聞倭之攻城, 乍急乍緩, 元之警備漸亦少疏."

당하지는 않았다며 아쉬움을 토로하였다.

여기에 흥미로운 사항이 있다. 군문 형개가 명 조정에 남원성 패전 소식을 알리면서 탈주해온 황중인(黃仲仁) 등의 공초를 근거로 남원성을 포위하고 공격하는 자들이 모두 조선 사람이라고 말을 남겼다.[75] 이 말은 형개의 억지 변명에 불과하다. 형개는 조선에 나와 있던 명 군부를 총괄한 군문 자리에 있는지라 남원성 패전에 대한 자신의 책임을 조금이라도 덜어보고자 하는 데에서 나왔다. 앞서 「왜군남원성침공작전도」에서 보듯이 남원성을 포위한 일본군의 부대와 병력이 자세히 적혀있다.

훗날 한치윤과 조인영이 남원성 패전을 초래한 양원에 대해 논평한 바가 있다. 한치윤은 양원이 군지(軍地)를 따라다니면서 의병(疑兵)을 펼치는 데는 쓸 만한 자이지, 한 성을 전적으로 맡아서 지킬 수 있는 자가 아니라고 했다.[76] 또 조인영은 양원이 야전에 뛰어나고 성을 지키는데 장기가 아니라는 세칭(世稱)이 전해오는데 믿을만하다고 했다.[77] 명 군부가 남원을 지킬 장수를 신중하게 가려 뽑지 못했다. 물론 양원이 평양성 탈환에서 활약한 공적을 보면 한치윤이나 조인영의 논평이 다소 지나침이 있지만, 양원이 남원성 방어에 좀 더 치밀하게 하지 못한 점은 못내 아쉬움으로 남는다.

---

75 『경략어왜주의』 권2 「直陳朝鮮情形疏」: "而楊元之回軍黃仲仁等面見攻圍南原者皆朝鮮之人."

76 『해동역사』 권63 「本朝備禦考·馭倭始末」: "楊元, 僨帥耳. 僅可城寄守, 且南原, 此時亦不可守矣. 楊元尤非守南原者. …… 邢經略初議欲且守南原極爲有見, …… 又不能愼擇南原之守, 所以二城連喪也."

77 조인영 「南原忠烈祠殉義碑銘」: "世稱元善野戰, 守城非所長, 信矣."

6. 결론

양원은 정유재란 때 남원성 전투를 총괄한 명나라 장수이다. 1597년(선조 30) 4월에 요동영병, 가정, 잡류 등 3,117명을 거느리고 명군의 선발대가 되어 압록강을 건넜다. 5월에 선조와 만나는 자리에서 자신의 운명을 결정지었다. 당초 명 군부의 계획에는 양원이 충주를 지키고, 뒤따라오는 오유충이 남원을 지키게 할 작정이었다. 양원은 충주성의 파괴로 방어 기능 상실, 요동 기마병의 장기를 살릴 평야, 조선 조정으로부터 남원성 개축 약속, 전공을 세우겠다는 심리 등 복합 요인으로 주둔지를 충주에서 남원으로 바꾸었다.

양원이 남원성 방어에 대해 여러 차례 자신감을 표방했지만, 조선 조정은 양원이 거느린 군사의 숫자가 적고 병기가 형편없는 점을 들어 과연 방어해낼 수 있는지에 대해 회의적인 시각을 보였다. 남원에 도착한 양원은 효율적으로 방어하기 위해 나름대로 여러 방안을 강구하였다. 남원성을 대대적으로 수축하고 군량을 충분히 비축하는 등 방어 능력을 높였다. 전력을 한 곳으로 집중시키기 위해 교룡산성을 철수했다. 조선 군사와 군기를 보충하고 유사시 전주성과의 지원 체계를 세워놓았다.

우희다수가(宇喜多秀家), 등당고호(藤堂高虎) 등이 거느린 일본군 56,800명이 구례를 점거한 뒤 남원성으로 진격해왔다. 일본군이 남원성을 침공 당시에 소속 장수들을 배치한 작전도가 2종이 있다. 한 종은 녹아도현립도서관에 소장된「왜군남원성침공작전도(倭軍南原城侵攻作戰圖)」이고, 다른 한 종은 대하내수원(大河內秀元)『조선물어(朝鮮物語)』

중 「남원성취기도(南原の城取壽の圖)」이다. 두 종의 도면 사이에 남원성의 각 면에 배치된 일본 장수의 명단이 약간 차이가 있다. 아마도 전투 과정에서 작전 상황에 따라 일부 장수의 군사들을 이동 배치시켰던 것으로 보인다.

반면 양원, 이복남 등이 지키는 조명연합군의 병력은 4,300~5,000여 명으로 절대 부족하였다. 당시 명군의 인원수는 3,117명이고, 조선 민관군은 대략 1,000~2,000여 명이다. 『조선물어』에 일본군이 남원성에서 살육한 조명연합군의 숫자는 3,726명이라고 했다. 『난중잡록』에 남원성에서 일본군에게 살육당한 숫자를 근 5,000명, 「남원충렬사 순의비명」에 『난중잡록』보다 조금 많이 5,000여 명이라고 했다.

남원성 전투는 8월 13일부터 16일까지 본격적으로 펼쳐졌다. 하지만 불과 4일 만에 남원성이 무너지는 결과를 초래했다. 남원성이 함락된 원인으로 조명연합군 인원수의 중과부적, 지원군의 부족과 무너진 지원체계, 방어 전선의 붕괴, 남원성 정보의 유출, 일본군의 거센 기세, 기각지세로 삼아야 하는 교룡산성의 포기, 양원의 자만심과 패전을 예측한 도피 행동 등을 들 수 있다.

남원성이 함락되는 순간 양원은 허둥지둥 일부 가정만 이끌고 탈주했다. 이날 성안에 남아있던 조명연합군은 끝까지 분투하다 순절하였다. 전란이 끝난 이후에 남원에 들어온 명 이방춘(李芳春)이 성 안팎에 널려있는 순절자의 유해들을 수습하여 거대한 무덤을 만들었다. 전란 이후 남원 지역민들이 무덤 곁에 사당을 건립하고 순절자를 기리는 제향을 올렸다. 4백여 년이 지난 오늘날에도 만인의총을 중심으로 순절자를 기리는 추모 활동이 계속 이어지고 있다. [燁爀之樂室]

정유재란 남원성 전투 순절자의 무덤과 제향

1. 서론

1597년(선조 30) 8월에 호남의 운명을 결정지은 남원성 전투가 펼쳐졌다. 조선군, 의병, 명군, 그리고 남원 민초들로 구성된 방어군이 10배나 더 많은 일본군의 침공에 맞서 사력을 다해 싸웠지만, 사실상 전력의 현격한 열세인지라 끝내 성이 함락되고 순절하는 운명을 맞이했다. 남원성 전투는 조선과 명나라에서 본다면 패전이라는 아픔의 사건이지만, 남원의 입장에서는 끝까지 잊어버려도 안 되고 잊어버릴 수 없는 숭고한 역사이다.

1598년(선조 31) 4월에 남원으로 들어온 명군은 성을 지키다가 돌아가신 순절자의 유해들을 모아 커다란 무덤으로 조성하였다. 이후 남원 사람들은 순절자를 기리는 사당을 세웠고, 또한 호국 영혼들을 위해 제향을 지내며 순절의 정신을 이어왔다. 오늘날 남원 시내에 호국의 얼이 서려 있는 만인의총(萬人義塚)이 세워져 있다. 매년 9월 26일이 되면 지역 사람들은 순절자의 정신이 살아있는 성스러운 장소에서 추모활동을 펼치고 있다.

집필자는 일전에 남원성 전투가 전개된 과정에 대해 논하였고,[1] 이번에 국내학계에 잘 알려지지 않았던 남원성 전투 순절자의 무덤과 제향을 주제로 삼아 남원 사람들이 남원성 전투의 아픔을 어떻게 승화하고 있는지에 대해 살펴본다. 좀 더 구체적으로 적자면 남원성 전투에서 희생된 조명(朝明) 순절자의 숫자와 무덤 조성 과정, 일본에 남겨진 비총(鼻塚; 코무덤)과 남원성 순절자의 관계, 남원성 순절자의 영혼을 기리는 공양비(供養碑)의 존재에 대해 집중 분석해본다.

2. 남원성 순절 만인의총(萬人義塚)

남원성 전투는 소수의 조명연합군이 대규모 일본군을 맞이하여 사력을 다해 싸웠지만 끝내 성이 함락되었다. 8월 16일 남원성이 함락되는 과정은 문헌 기록에 따라 미묘한 차이를 보이고 있으나, 시간대에 대해서는 서로 일치하고 있다. 16일 초경(15일 19시~21시)에 일본군이 남문으로 모여 갑자기 공격하였다.[2] 육호태랑병위(六戶太郎兵衛), 청정선병위(青井善兵衛), 등당인위문(藤堂仁衛門), 등당작병위(藤堂作兵衛), 대하내수원(大河內秀元) 등이 거느린 비주(飛州, 飛驒國; 현 岐阜縣 북부) 소속의 일본군이 선두에 나섰다. 이경(15일 21시~23시)에 일본군이 성

---

1 朴現圭, 「정유재란 시기 남원성 전투 고찰; 명 楊元을 중심으로」, 『충무공 이순신과 한국 해양』 5호, 해군사관학교 해양연구소, 2019.1, 117~147쪽.

2 諸葛元聲 『兩朝平攘錄』 정유년 8월: "至十六日一更, 倭忽擁至南門, 猝時登城."

벽을 넘어오자 조명연합군의 방어가 무너졌다.[3]

성안으로 들어온 일본군이 군인이나 민간인을 가리지 않고 보이는 대로 마구 살육하자, 삽시간에 사람들이 지르는 비명과 곡성이 들끓으며 아비지옥의 아수라장으로 변했다. 명군들이 급히 조선관군들이 지키던 북문으로 몰려들었으나, 성문이 열리지 않아 한동안 성 밖으로 탈출할 수가 없었다. 전라도병마절도사 이복남(李福男), 남원부사 임현(任鉉) 등 조선관군들을 일본군을 맞아 격렬히 저항했지만, 끝내 중과부적으로 순절했다.[4] 반면 남원성 방어를 총괄하던 명 부총병 양원은 허둥지둥 소수 가정을 이끌고 탈출했다. 나중에 남원성 패전의 책임을 지고 요동에서 처형당하고, 그의 목이 조선으로 보내져 조리질 당했다.

당시 일본승 경념(慶念)은 『조선일일기(朝鮮日日記)』에서 남원성이 함락된 이후 3일 동안 자신이 목도한 처참한 장면을 담아 놓았다. 16일(조선력 17일)에 남원성에 들어가 자국군이 마구 살육한 현장의 참혹성을 고발했다. 성안에는 남녀노소를 막론하고 살육하는 바람에 생포하려고 해도 생포할 사람이 없었다. 이들 가운데 치료하면 생명을 건질 사람들도 있었다. 덧없는 세상이라도 남녀노소가 죽어야만 했다. 17일(조선력 18일)에 죽고 사는 것에 대한 인생무상을 읊었다. 어제까지는 죽는다는 것을 알지 못하다가 오늘은 죽어서 무상의 연기로 화하였다.

---

3 趙慶男『亂中雜錄』정유년 8월 16일조: "至二更, 闌入南門."; 大河内秀元『朝鮮物語』 권상: "(慶長 2년 8월)言上高麗南原城, 慶長二年丁酉八月十五日亥刻落城." 일본력 15일은 조선력 16일이고, 해시는 이경에 해당된다.

4 『亂中雜錄』정유년 8월 16일조: "天兵及我國壯士, 驅聚北門內, 賊兵揮劍追殺, 兩軍盡沒于北城內."

이것이 어찌 남의 일이냐고 깊은 회의에 빠졌다. 18일(조선력 19일)에 살육의 참상을 계속해서 담아놓았다. 자신의 처소를 남원성 안으로 옮기고 주변을 돌아다녀보니 길바닥에 사람들의 시체가 모래알처럼 쌓여있어 눈뜨고 볼 수 없는 처참한 정황이었다.[5]

남원성 전투가 끝난 이듬해, 1598년(선조 31) 4월에 순절자의 거대한 무덤이 명군에 의해 조성되었다. 『임진필록(壬辰筆錄)』 이방춘(李芳春) 조에서:

四月, 經理檄芳春及牛伯英往住南原. 芳春始至南原, 廨舍盡爲煨燼, 城內外白骨山積, 卽役其軍坎埋之, 運材作公館以居之. 其後天將之來, 必止于此.

4월에 경리(經理; 楊鎬)가 이방춘(李芳春)과 우백영(牛伯英)에게 격서를 보내어 남원에 주둔하도록 했다. 이방춘이 남원에 처음 도착해보니 관사가 모두 불타고 성 안팎에 백골이 산처럼 쌓여있었다. 즉시 군졸을 시켜 이들을 묻게 했고, 재목을 옮겨 관사를 지어 거주하였다. 이후 천장(天將)이 오면 필히 이곳에 머물렀다.

1598년(선조 31) 4월에 명 이방춘(李芳春)과 우백영(牛伯英)은 경리(經理) 양호(楊鎬)의 명을 받아 남원에 들어와 주둔하였다. 이방춘이 남원성에 들어와 보니 성 안팎에 살육당한 순절자의 유해가 산처럼 쌓여있었다. 소속 군졸들에게 명하여 유해들을 모아 거대한 무덤을 만들었다. 이것이 바로 만인의총의 전신이다. 또 관사가 지난 남원성 전투로 소실된 것을 보고 소속 군졸들에게 명하여 재목들을 옮겨와 관사를

---

5 慶念 『朝鮮日日記』 慶長 2년 8월 16일~18일조.

「만인의총유지」: 남원 동충동

새로 지어 향후 명 장수들이 머물게 하였다.

오늘날 남원에서는 1597년(선조 30) 9월에 남원성 전투가 끝난 직후에 피난에서 돌아온 남원 사람이 시신을 모아 유택. 즉 만인의총을 만들었다고 보고 있는데,[6] 이는 출처 근거가 없다. 동년 8월 16일에 남원성이 함락되었고, 이후에도 일본군이 여러 차례 남원 지역에 들어왔다. 예를 들면 8월 말에 우희다수가(宇喜多秀家), 소서행장(小西行長), 9월에 유천조신(柳川調信; 平調信) 등 여러 일본군이 남원을 드나들었다. 10월에 일본군이 만복사(萬福寺) 5백나한 동철을 가져가거나 남원 지역을 출몰하였다.[7] 이때 일본군은 무수한 사람들을 죽이고 재물을 약탈했다. 이와 같은 상황 속에서 동년 9월에 남원 민초들이 남원으로 들어와 유해를 모아 만인의총을 만들었다는 주장은 문제가 있다.

만인의총은 원래 성안 북문과 가까운 곳, 현 동충동 소재 옛 남원역 뒤편 초지에 자리하였다. 1942년에 일본장교 관태상(關太常)이 작성한

6　문화재청 만인의총관리소 공식사이트(http://www.cha.go.kr/agapp/main/index.do?siteCd=MANIN) 중 「만인의총 소개」.

7　『난중잡록』 정유년 8월 30일, 9월 17일, 18일, 19일, 22일, 10월 9일 등조.

『남원전사(南原戰史)』에 당시 만인의총의 모습이 기술되어 있다. 만인의총은 남원성 전투 때 피아간 전사자의 유해를 합장한 곳이다.[8] 근자에 이르기까지 담과 대문이 있었으나, 지금은 제거돼 무덤만 남아있다고 했다.

일제강점기에 만인의총에 대한 제향 활동이 금지되었다. 광복과 더불어 남원 사람들의 품으로 돌아와 한동안 중단되었던 제향 활동이 다시 이어졌다. 그 후 만인의총 주변에 인구가 점차 조밀해지고, 또 남원역으로부터 야기된 환경 문제로 인하여 남원 사람들 사이에 이전 논의가 계속 일어났다. 1964년에 이르러 만인의총은 충렬사와 함께 현 장소인 향교동 왕산 아래로 이전되었다. 이보다 1년 전인 1963년에 옛 만인의총은 사적 제102호로 지정되었다. 이전 이후에 사적에서 해제되었다가, 1981년에 옛 만인의총의 유지를 계속 보존해야 한다는 취지에서 사적 제272호로 재지정되었다.

지역민들은 남원성 전투에서 순절한 인물들을 기리는 추모 활동을 줄곧 전개해왔다. 1612년(광해군 4)에 이복남, 정기원, 임현, 김경로 등을 모신 사당을 건립했다. 곧이어 신호, 이덕회, 이원춘을 추배했다. 1653년(효종 4)에 조정으로부터 충렬사라는 사액이 내려졌다. 1675년(숙종 1)에 사당을 북문 인근(현 동춘동)으로 이전했다. 1716년(숙종 42)에 군향유사(軍餉有司) 오흥업(吳興業)을 추배했다.[9] 1871년(고종 8)에 사우

---

8   일본장교 關太常의 『南原戰史』이 말한 피아간 전사자는 조명연합군과 일본군의 전사자를 지칭한다.

9   『숙종실록』 42년 윤 3월 22일. 오흥업의 추배 연도에 대해 일부에서는 1836년(헌종 2)으로 잘못 적고 있음.

철폐령에 따라 훼철되었다가, 1879년(고종 16)에 다시 단이 만들어지고 제향 활동이 회복되었다. 『남원전사』에 의하면 사당은 북문 서쪽 400m 떨어진 곳에 있으며 사적을 상세히 기록한 석비와 사전이 현존한다고 했다. 일제강점기에 제단이 철폐되고 제향 활동이 중단되었다가, 1945년에 지역민이 나서 제향 활동을 재개하였다. 1964년에 현 장소인 향교동 왕산 아래로 이전하였다. 2016년에 지역민의 노력으로 관리업무가 국가 문화재청으로 이관되었다.

이밖에 남원성 전투에 순절한 영웅들을 모신 유적이 있다. 전남 구례 토지면 송정리에 석주관(石柱關)과 남원성 전투에서 각각 순절한 이원춘, 왕득인 등을 모신 석주관 칠의사묘(七義士墓)가 있다. 『남원전사』에 의하면 석주관 소재 사찰은 일본군에 의해 소실되었다고 했다. 1963년에 사적 제106호로 지정되었다. 또 전북 익산 용안면 중신리에 남원성 전투에서 순절자 오응정(吳應鼎)과 그의 아들 오욱(吳稶)을 모신 삼세오충렬유적(三世五忠烈遺迹)이 있다. 1982년에 전북 기념물 제61호로 지정되었다. 또 전남 강진 작천면 구상마을 일대에 남원성 전투에서 순절한 황대중(黃大中)의 묘소, 정조가 하사한 정려각, 애마의 무덤인 애마총 등이 있다. 애마총은 2004년에 강진군 유형문화재 제20호로 지정되었다.

3. 남원성 순절 조명인(朝明人)의 수목(數目)

1597년(선조 30) 8월에 남원성 전투에 참전한 일본 장수들은 자신들이 살육한 순절자의 코(장수인 경우는 수급)를 베어 상자에 담아 주진장

(注進狀)과 함께 풍신수길(豊臣秀吉)에게 보냈다. 이에 대해 풍신수길은 해당 장수들에게 군공을 확인해주는 주인장(朱印狀)을 발급해주었다. 주인장은 전국대명(戰國大名), 번주(藩主)나 막부 장군(將軍)이 화압 대신에 간편하게 인장을 찍어 발급한 공문서이다. 일본 전국시대부터 강호초기에 걸쳐 민정, 군사, 교역 등 여러 방면에 널리 사용되었다. 통상 주인(朱印; 붉은 도장)을 찍지만, 드물지만 흑인(黑印; 검은 도장)을 찍은 것도 있다. 임진왜란 때 풍신수길이 장수들의 군공이나 전황을 확인해주는 주인장을 많이 발급했다.

아래에 남원성 전투와 관련된 사항을 열거해본다. 오늘날 풍신수길이 모리고정(毛利高政), 도진의홍(島津義弘), 도진충항(島津忠恒), 도진풍구(島津豊久), 가등가명(加藤嘉明), 등당고호(藤堂高虎), 내도통총(來島通總) 등 장수들에게 각각 발급한 주인장 원본 또는 기록이 전해온다.[10] 현전하는 주인장의 내용을 살펴보면 받는 사람과 순절자 수목(數目)을 제외한 나머지 부분은 기본적으로 거의 똑같다. 주진장의 내용을 요약해본다.

8월 16일(조선력 17일)에 올린 주진장을 받아보았다. 적국(赤國; 전라도) 내 남원성에 주둔하고 있던 대명인(명군)들을 13일에 포위하여 15일

---

10 豊臣秀吉이 毛利高政에게 발급한 주인장 원본 사진은 羽柴弘의 「養賢公毛利高政 : 初代佐伯藩主としての治政」(『大分縣地方史』 53호, 1969.3, 54쪽); 島津義弘과 島津忠恒에게 발급한 주인장 기록은 『島津家文書』(刊本438; 北島萬次 3책, 626쪽; 『島津家高麗軍秘錄』 11월 3일); 藤堂高虎에게 발급한 주인장 기록은 『藤堂文書』(北島萬次 3책, 626쪽, 來島通總에게 발급한 주인장 기록은 『久留島通利氏所藏文書』(北島萬次 3책, 626~7쪽); 島津豊久, 加藤嘉明에게 발급한 주인장 사실은 津野倫明, 「黑田長政宛鼻請取狀について」(『高知大學人文學部人間文化學科·人文科學研究』 17호, 2011.7, 16쪽).

밤에 성을 함락시켰다. 그대가 담당한 곳에서 수급 ㅁㅁㅁ을 얻어 벤 코가 도착했다. 각기 분골쇄신하였다. 최근 주사를 포획하고 때때로 세운 공에 비할 바가 없다. 이제 앞으로의 전투에 대해서는 서로 상의하여 잘 조치하는 것이 중요하다. 나머지는 증전우위문위(增田右衛門尉[增田長盛]), 장속대장대보(長束大藏大輔[長束正家]), 石田治部少輔[石田三成], 덕선원(德善院[前田玄以])이 전할 것이다. 끝 부분에 발급일자, 풍신수길 이름과 함께 주인(붉은 도장)이 찍혀있다.[11] 발급일자는 1597년(경장 2) 9월 13일이다. 주인장에 적힌 일본 장수가 바친 순절자의 숫자를 보면 모리고정(毛利高政)이 40명, 도진의홍(島津義弘)과 도진충항(島津忠恒)이 421명, 등당고호(藤堂高虎)가 269명, 내도통총(來島通總)이 461명이다.

1663년(관문 3)에 정유재란 때 일본 대하내수원(大河內秀元)이 군감 태전일길(太田一吉)을 모시고 여러 전투에 나서면서 보았던 제반사항을 적은 『조선물어(朝鮮物語)』(일명 『대하내수원조선기(大河內秀元朝鮮記)』)가 있다. 이 책자에 각 소속 장수들이 남원성 전투에서 살육한 조명 순절자의 숫자를 막부에 보고한 군공 자료가 수록되어있다. 이것을 도표로 정리해본다.

---

11 실례로 毛利高政에게 보낸 주인장을 들어본다. "八月十六日注進狀被成, 御披見候. 赤國之內南原之城, 大明人楯籠付而者, 去十三日取卷致仕寄, 十五日夜責崩, 其方手前首數四十討捕, 卽鼻到來候. 粉骨至候. 最前番舟切捕, 度度手柄無比類候, 彌先先動之儀, 各申談丈夫に可申付事肝要候. 猶增田右衛門尉, 長束大藏大輔, 石田治部少輔, 德善院可申候也. 九月十三日(秀吉 朱印)"

성문	구분	일본군 장수	순절자 수급수	비고
남문	1番	太田飛彈守	119	[太田一吉] 성곽 先乘
		越前國住人 九津見兵藏	수급 2	
		三河國住人 大河內茂左衛門尉	수급 3	大將慶州判官 수급 1구 포함
		近江國住人 淸水彌一郎	수급 1	
		伊勢國住人 彈塚源四郎	수급 1	
		紀伊國住人 貴志六太夫	수급 1	
	2番	藤堂佐渡守	260*	[藤堂高虎] 성곽 先驅
		近江國住人 藤堂仁右衛門尉	수급 2	
		近江國住人 藤堂新七郎	수급 3	
		美濃國住人 藤堂與左衛門尉	수급 3	
		近江國住人 藤堂作兵衛尉	수급 3	
		備前中納言手	622	[宇喜多秀家]
	소계		1,001	수급 18명 포함
서문		竹中伊豆守	64	[竹中重利]
		小西攝津守	879	[小西行長]
		脇坂中務大輔	91	[脇坂安治]
	소계		1,034	수급 3명 포함
북문		加藤左馬介	51	[加藤嘉明]
		羽柴兵庫頭	421	[島津義弘]
		歸島出雲守	461	[來島通總]
		菅三郎兵衛尉 同 右衛門八郎	18	[菅三郎兵衛(和泉), 菅權之佐(右衛門八)]
	소계		951	수급 5명 포함
동문		毛利民部大輔	40	[毛利高政]
		蜂須賀阿波守	468	[蜂須賀家政]
		生駒雅樂頭	11	[生駒親正]

		生駒讚岐守	8	[生駒一正]
		毛利壹岐守	50	[毛利勝信]
		毛利豊前守	30	[毛利勝永]
		相良左兵衛佐	35	[相良賴房]
동문		島津又七郎	17	[島津忠豊]
		秋月三郎	35	[秋月種長]
		高橋九郎	25	[高橋元種]
		伊藤民部大輔	21	[伊東祐兵]
	소계		740	수급 11명 포함
총계			3,726	

* 藤堂高虎 朱印狀에는 269명으로 기록

『조선물어』에 저자가 속해있던 태전일길(太田一吉)과 등당고호(藤堂高虎)에 대해서는 부장급의 공적까지 자세히 적어놓았고, 나머지는 장수급의 공적만 적어놓았다. 남원성 전투에서 살육한 조명 순절자의 전체 숫자가 3,726명이다. 다만 이 숫자는 조금 수정할 필요가 있다. 『조선물어』에는 등당고호가 살육한 순절자의 숫자를 260명으로 적고 있는데, 등당고호에게 발급한 주인장에는 이보다 9명이 더 많은 269명이다. 따라서 남원성 전투에서 순절한 숫자는 총 3,735명이다.

그런데 남원성 전투에서 순절한 숫자에 대해 다른 기록이 보인다. 조경남(趙慶男)은 『난중잡록(亂中雜錄)』에서 남원성에서 전후로 죽은 자가 거의 5천여 명,[12] 조인영(趙寅永)은 「남원충렬사순의비명(南原忠烈

---

12 趙慶男『亂中雜錄』정유년 8월 16일조: "城中前後死者, 幾至五千餘名."; 趙寅永「南原忠烈祠殉義碑銘」: "萬曆丁酉八月, 倭再入寇, 賊酋義知·行長·義弘等糾十萬兵圍南原六日, 而城陷死者五千餘人."

祠殉義碑銘)」에서 남원성이 함락할 때 죽은 자가 5천여 명이라고 했다.[13] 일본 대하내수원(大河內秀元)과 조선 조경남·조인영의 기록 사이에 왜 차이를 보일까? 크게 두 가지 요인을 둘 수 있다.

첫째, 조경남·조인영의 착오이다. 조경남은 남원 출신이나 남원성 전투가 일어날 때 가솔들을 이끌고 타지로 피난 갔다. 나중에 다른 사람으로부터 남원성 전투에 대한 상황을 전해들었지만, 순절자의 구체적 숫자에 대해서는 정확히 입수하지 못했던 것으로 추정된다. 조인영은 순조 때 사람이다. 「남원충렬사순의비명(南原忠烈祠殉義碑銘)」은 남원성 전투가 펼쳐진지 238년 이후에 작성한 기록이다. 반면 대하내수원(大河內秀元)은 감군 종사관의 신분으로 남원성 전투현장에 있었고, 각 장수들이 제출한 순절자의 숫자에 대해 친히 검증한 뒤 상부에 보고하였다. 따라서 대하내수원의 기록이 조경남이나 조인영의 기록보다 더 신뢰성을 갖추었다.

둘째, 피로인 숫자의 누락이다. 대하내수원(大河內秀元)의 『조선물어』에 적어놓은 남원성 전투의 결과표는 순절자의 숫자만 열거한 것이고, 피로인의 숫자는 언급하지 않았다. 풍신수길이 각 장수들에게 수급의 숫자가 일정수를 채우고 나면 포로로 잡아도 좋다는 말을 남겼다. 아래에서 언급하겠지만 남원성 전투가 끝난 후에 일본군 진영은 금개(錦鎧: 비단 갑옷)를 입은 조선 순절자의 신분을 알아보기 위해 생포한 軍兵(조선군)에게 탐문하였다.[14] 남원성 전투 때 성안에 있던 조명인

---

13 趙慶永 「南原忠烈祠殉義碑銘」: "萬曆丁酉八月, 倭再入寇, 賊酋義知·行長·義弘等糾十萬兵, 圍南原六日, 而城陷死者五千餘人."
14 『朝鮮物語』 권상.

을 무참히 살해했지만, 성을 완전 장악한 뒤 살육을 멈추고 살아있던 사람들을 생포하여 일본으로 데려갔던 것이다. 예를 들면 일본 녹아도(鹿兒島) 묘대천(苗代川)에 조선 도예 후예가인 심수관가(沈壽官家)가 있다. 심수관의 12대조 심당길(沈當吉; 본명 沈讚)은 남원성이 함락되고 포로가 되어 일본 살마번(薩摩藩)으로 끌려왔다고 전해온다. 따라서 조경남·조인영이 각각 언급한 남원성 순절자의 숫자에는 남원성에서 생포당해 일본으로 끌려간 자들도 포함되었을 것으로 추측된다.

일본군이 남원성을 공략할 때 장수들을 네 방향별로 나누었고, 또한 전투 상황에 따라 장수들의 진격 구획을 약간 변동시켰다. 『조선물어』에 적힌 기록을 기준으로 삼아 남원성의 네 성문 지역으로 나누어 놓은 순절자의 숫자를 정리해본다. 남문 지역이 1,001명, 서문 지역이 1,034명, 북문 지역이 951명, 동문 지역이 740명이다. 각 성문의 지역별로 적게는 740명, 많게는 1,034명으로 약간의 편차가 보이지만, 순절자가 전반적으로 지역 구분 없이 골고루 나왔다.

반면 각 장수별로는 현격한 숫자 차이를 보이고 있다. 살육자의 숫자가 많은 순서로 나열해 보면 소서행장(小西行長)이 879명, 우희다수가(宇喜多秀家)가 622명, 봉수하가정(蜂須賀家政)이 468명, 내도통총(來島通總)이 461명, 도진의홍(島津義弘)이 421명 순이다. 또 살육자의 숫자가 적은 순위로 적어보면 생구일정(生駒一正)이 8명, 생구친정(生駒親正)이 11명, 도진풍충(島津忠豊)이 17명, 관삼랑병위위(菅三郎兵衛尉)와 관권지좌(菅權之佐; 右衛門八郎) 형제가 18명 순이다.

각 장수 별로 현격한 차이가 난 것은 전투 여부, 담당 업무, 소속 병력 등을 여러 요인이 있다. 그중에서도 각 장수별로 거느린 병사의 숫자가 커다란 작용을 했다. 우희다수가(宇喜多秀家)의 소속 병사는 10,000명, 소서행장(小西行長)의 소속 병사는 7,000명, 도진의홍(島津義弘)의 소속 병사는 10,000명이다. 우희다수가는 남원성 전투에 나선 좌군 전체를 총괄한 장수이다. 소서행장은 좌군의 주력군을 이끈 장수이고, 남원성 전투 초기에 선봉으로 나섰다. 향후 순천왜성 전투에서 일본군을 총괄하며 조명연합 서로군과 수로군의 공격을 맞서 싸웠다. 도진의홍 또한 좌군의 주력군을 이끈 장수이고, 향후 사천왜성 전투에서 일본군을 총괄하며 조명연합 중로군의 공격을 맞서 싸웠다.

또 각 장수별 배치 지역도 크게 작용되었다. 내도통총(來島通總)의 소속 병사는 600명에 불과했지만, 살육자가 461명으로 아주 많다. 내도통총이 살육한 장소인 북문 지역이었다. 북문 지역은 원래 이복남의 조선 관군, 의병이 맡았던 지역이었다. 남문이 무너지자 성안에 있는 명군들이 북문으로 모여 들었으나, 성문을 한동안 열지 못해 사람들이 북적되는 바람에 길이 막혀 오도가지 못할 지경이었다. 남원성 전투에서 조선군을 많이 살육했던 내도통총의 운명은 얼마가지 못했다. 이해 11월에 울돌목(명량)에서 이순신이 함대 13척을 거느리고 일본함대 133척을 맞이하여 대첩을 거둔 명량해전이 펼쳐졌다. 이때 조선 수군이 죽여 머리를 뱃전에 걸어두었던 일본장수 마다시(馬多時)가 바로 내도통총이다.

4. 남원성 순절 비총(鼻塚)과 공양비(供養碑)

임진왜란 때 전투에서 이긴 군사 측이 상부에 자신들의 전공을 확인시키기 위해 죽은 적의 수급을 베었다. 수급을 베고 상부에 알린 기록은 도처에서 살펴볼 수 있다. 물론 이러한 행동은 당시 전쟁 관례상 상부의 명에 따른 것이라며 변명할 수 있을지도 모르겠으나, 적군일지라도 유해의 존엄을 지켜주어야 한다는 점에서 비인간적인 만행이라는 혹한 비판을 받아야 한다. 풍신수길은 임진왜란을 일으킬 때부터 전장에 나가는 장수들에게 분골쇄신하여 충성을 바치면 영지를 넓혀주거나 전에 빼앗은 영지를 회복시켜준다는 명을 내렸다. 조선 침략에 나선 일본 장수들은 전투가 끝날 때마다 장차 자신들이 받을 이익과 엄명에 따라 마구 수급을 베었다. 이때 자신들이 죽인 군사들의 수급을 베는 것 외에 자신의 전공을 부풀리기 위해 민간인들을 마구잡이로 죽여 수급으로 둔갑시키는 잔학행위를 감행하였다.

임진왜란 기간에 일본군이 수급을 베는 방식에 변화가 있었다. 전란 초기에는 머리나 귀를 베었는데, 정유재란 때에는 코를 베었다. 풍신수길은 조선에서 살육을 자행하라는 명과 함께 사람의 귀는 둘이고 코는 하나뿐이니 코를 베어 일본으로 보내라고 했다.[15] 귀는 두 개이지만 코는 한 개이기에 수급 표식이 용이했다. 정유재란 때 일본군이

---

15 姜沆『看羊錄』「倭國八道六十六州圖」: "丁酉之役, 賊魁令諸將曰: 人有兩耳, 鼻則一也. 宜割朝鮮人鼻, 以代首馘, 一卒各一升, 沈之以鹽, 送于賊魁. 鼻數旣盈而後, 乃許生擒, 血肉之慘, 以此尤甚."; 조경남『난중잡록』정유년 7월 16일조: "當初, 秀吉出送金吾等之日, 令曰: 年年發兵, 盡殺彼國人, 使彼國爲空地, 然後移居西路之人, 十年如此, 則功可成矣. 但人有兩耳, 鼻則一也. 割鼻以代首級."

코를 베었다는 기록은 유성룡(柳成龍)의『징비록(懲毖錄)』, 일본 경념(慶念)의『조선일일기(朝鮮日日記)』, 풍신수길이 내린 주인장 등 어렵지 않게 찾아볼 수 있다.

남원성을 점령할 때 일본군은 성안에 있는 조명군을 마구잡이로 살육하였다. 이들은 자신들이 세운 군공의 일환으로 순절자의 코를 베어 감군으로부터 검증을 받은 후에 석회를 뿌려서 상자에 담아 일본으로 보내져 막부로부터 확인 절차를 받았다. 여기에 관해『조선물어』에 명확한 기록이 남아있다. 각 장수가 살육한 순절자를 적은 다음에 "판관은 대장이어서 수급을 그대로, 그 외는 모두 코를 베어 염석회로 항아리에 가득 채웠다. 남원성 50여 정(町)을 그린 지도와 함께 올린 말씀을 첨부해서 일본에 진상하였다.[16]

여기에서 수급채로 보냈다고 한 판관은 누구일까? 대하내무좌위문(大河內茂左衛門)이 베었다. 2만기(萬騎) 대장 경주(慶州)판관으로 금개(錦鎧: 비단 갑옷)를 입었다. 일본군 진영은 이 자의 신분에 대해 생포한 포로에게 물어보는 등 여러 조치를 취했으나 끝내 정확하게 파악하지 못했다. 현재 경주판관이 누구인지를 정확하게 확인할 수 없지만, 여러 정황상 이복남일 것으로 추정된다. 당시 남원성 북문에서 순절한 조선 수장급 인사를 살펴보면 전라도병마절도사 이복남, 남원부사 임현(任鉉), 접반사 정기원(鄭期遠) 등이 있다. 이복남의 지위는 전리병마절도사이다. 임현은 이복남 아래에서 활동했다. 정기원은 양원의 접

---

16 『조선물어』 권상: "判官ハ大將ナレハ, 首ヲ其儘, 其外ハ悉ク鼻ニシテ, 鹽石灰ヲ壺ニ詰入. 南原五十余町ノ繪圖ヲ記シ, 言上目錄ニ相添テ日本へ進上ス."

반사를 담당한 문관으로 순절할 때 조복으로 갈아입었다. 조명 군졸들은 모두 코를 잘랐다. 앞서 언급했듯이 풍신수길은 남원에서 보내온 순절자 코의 숫자를 확인한 뒤 각 장수별로 주인장을 보내주었다.

정유재란 때 풍신수길과 장수들은 여러 차례 보내온 순절자의 코를 묻은 코무덤, 즉 비총(鼻塚)을 여러 곳에 조성했다. 이들은 왜 비총을 조성했는가? 이들이 죽은 영혼을 달래기 위해 무덤을 축조하고 제를 올려 천도하는 공양의 선의나 명분을 가지고 있지만, 사실 자신들의 전공을 널리 과시하기 위한 숨은 의도도 내포되어 있어 일종의 전승물에 더 가깝다.

비총(이총 포함)에 관한 국내외 선행연구와 연론 보도가 꽤나 활발하게 나왔다.[17] 아래에 현존하고 있는 비총을 중심으로 요약해본다. 현존 비총 가운데 가장 널리 알려진 곳은 경도(京都) 풍신수길 신사 옆에

17 琴秉洞, 『耳塚 : 秀吉の鼻斬り・耳斬りをめぐって』, 總和社, 東京, 1994; 金洪圭 등, 『秀吉・耳塚・四百年 : 豊臣政權の朝鮮侵略と朝鮮人民の闘い』, 『雄山閣』, 東京, 1998; 金文吉, 「宇喜多秀家와 「千鼻塚」에 대한 硏究」, 『社會科學論叢』 7집, 부산외국어대학교 사회과학연구소, 1992, 9~35쪽; 許南麟, 「종교와 전쟁 : 토요토미 히데요시의 조선침략」, 『일어일문학』 18집, 단국대학교 일본연구소, 2006, 345~364쪽; 魯成煥, 「역사 민속학에서 본 교토 귀무덤」, 『일본학연구』 41호, 대한일어일문학회, 2009, 297~312쪽; 魯成煥, 「교토의 귀무덤에 대한 일고찰」, 『동북아문화연구』 18호, 동북아시아문화학회, 2009, 337~352쪽; 성기중, 「일본에 축조된 비총(鼻塚)의 의도와 대응책 연구」, 『한국동북아논총』 65집, 한국동북아학회, 2012.12, 201~226쪽; 이재훈, 「기해사행(己亥使行)과 호코지(方廣寺)」, 『日語日文學硏究』 84권 2호, 한국일어일문학회, 2013, 427~447쪽; 仲尾宏, 「耳塚から耳塚へ--秀吉の朝鮮侵略と明治の秀吉顯彰」, 『KIECE民族文化敎育硏究 第2回定例硏究會』, 京都民族文化敎育硏究所, 1998, 44~69쪽; 仲尾宏, 「耳塚ではなく鼻塚だった--秀吉の野望と誤算[含質疑応答]」, 『講座・人權ゆかりの地をたずねて』, 世界人權問題硏究センター, 2003年度, 175~206쪽; 橋爪博幸, 「大正時代における「耳塚」論爭 : 南方熊楠、柳田國男、寺石正路、3者のやりとりを中心に」, 『인간과 문화 연구』 16집, 동의대학교 인문사회연구소, 2010, 107~129쪽; 津野倫明, 「黑田長政宛鼻請取狀について」 앞의 서지, 1~21쪽.

소재한 이총(耳塚)이다. 큰 봉분과 함께 오륜석탑이 세워져 있다. 정유재란 시기에 풍신수길이 처음 만들었고, 나중에 아들 풍신수뢰(豊臣秀賴)에 의해 확장되었다. 원래 이곳에 묻힌 유해가 학자들 사이에 코, 귀, 코와 귀 모두라고 여러 견해가 있지만, 이총 명칭은 임라산(林羅山) 이전부터 사용되어왔다.[18] 1992년 4월에 경남 사천문화원, 박삼중 스님 등이 나서 경도(京都) 이총의 흙 일부를 항아리에 담아 와서 사천 조명군총 옆에 안장하였다.[19]

강산현(岡山縣) 비전시(備前市) 향등정(香登町) 웅산(熊山)에 소재한 천인비총(千人鼻塚)이 있다. 우희다수가(宇喜多秀家)의 가신 장선기이수(長船紀伊守)를 따라 출병한 장리(長吏) 육조(六助)가 비총을 만들고 사당을 건립했다고 전해온다. 원래 1m 높이의 봉분이 있었으나, 세월이 흘려 봉분이 깎여져 평지가 되고 10여 개의 돌만 남아 있다. 이후 사당이 무너지자 다시 재건하고 천인비총이라 불렀다.[20] 1992년 11월에 김문길, 박삼중 스님 등이 나서 천인비총을 국내로 모셔와 전북 부안군 상서면 감교리 호벌치(胡伐峙)에 안장했다. 현재 원 터에는 강산현에서 세운 「비총적(鼻塚跡)」 비석만 남아있다.

또 강산현(岡山縣) 진산시(津山市) 일지궁(一之宮)에 소재한 이지장(耳地藏: 東一宮)이 있다. 대장옥(大庄屋) 중도손좌위문(中島孫左衛門)이 조선출병 때 조선인의 귀를 잘라 전공의 증거로 삼았다고 전해온다.[21]

---

18 노성환, 「교토의 귀무덤에 대한 일고찰」, 앞의 서지, 341~343쪽.

19 사천 조명군총역사관 전시판.

20 昭和 57년(1982) 千鼻靈社委員會 안내판.(김문길, 「宇喜多秀家와 「千鼻塚」에 대한 研究」, 앞의 서지, 22~23쪽에서 인용)

현재 봉분은 사라지고 그 자리에 자갈이 깔려있고, 돌 몇 개씩 군데군데 쌓아놓았다. 또 조그만 목제 기둥을 세워놓고 그 가지에 귀 형태의 돌들을 매달아놓았다.[22]

최근 대마도 상대마정(上對馬町) 하내(河內)에서 조선인의 귀를 묻어 만든 적석묘가 발견되었다. 『상대마정지(上對馬町誌)』에 의하면 천인의 귀무덤이며 일명 공양불(供養佛) 터라고 전한다. 현재 돌 몇 개를 쌓아놓고 방치되어 있다. 이밖에 대마도 좌하(佐賀) 원통사(円通寺) 옆에도 비총이 있다고 전해온다.[23]

현존하는 비총 가운데 남원성 전투와 관련이 있는 곳이 어느 곳인가? 여기에 관한 구체적인 기록을 찾지 못했지만, 그중에 두 군데를 검토해볼 필요가 있다. 하나는 우희다수가(宇喜多秀家) 소속 육조(六助)가 건립한 천인비총이다. 우희다수가는 남원성 공략에 나선 일본 좌군의 우두머리이다. 또 우희다수가가 직접 거느린 군사도 남원성 남문 지역을 공격하여 순절자 622급을 베었다. 이는 대하내수원(大河內秀元)의 『조선물어』에서 보인다. 다만 우희다수가가 이후 여러 지역을 돌아다니며 많은 민간인들을 살육하여 수급으로 충당했기에 천인비총이 모두 남원성 순절자로 보기는 힘든 점이 있다.

다른 하나는 일본 고야산(高野山) 오지원(奧之院)에 소재한 『고려진

21 松江三樹言 안내문.(노성환, 「역사 민속학에서 본 교토 귀무덤」, 앞의 서지, 301쪽에서 인용)

22 津山瓦版(e-tsuyamai.com) 중 耳地藏(東一宮).

23 「대마도에서 발견된 '조선인 귀무덤」, 『연합뉴스』, 2014년 12월 5일; 「조선인의 귀무덤 대마도에 또 있다」, 『울산매일』, 2014년 12월 22일.

적미방전사자공양비(高麗陣敵味方戰死者供養碑)』이다.『고려진적미방전
사자공양비』는 1599년(경장 4) 6월 상순에 도진의홍(島津義弘)과 그의
아들 도진충항(島津忠恒)이 세웠다.[24] 고야산은 현 행정구획으로 화가
산현(和歌山縣) 이도군(伊都郡) 고야정(高野町)에 소재한다. 오지원으로
들어가는 참배 입구에 옥천(玉川)이 흐르고 있다. 옥천에 놓인 일교(一
の橋)를 건너 한참 걸어가면 지류에 놓인 중교(中の橋)를 만난다. 중교
를 건너 걸어가면 오른편에 밀엄당(密嚴堂)이 보이고, 그곳에서 조금만
걸어가면 왼편에『고려진적미방전사자공양비』가 보인다.[25] 이곳은 옛
녹아도번주(鹿兒島藩主)의 구역에 속한다. 소화(昭和) 33년(1958) 4월에
화가산현 지정문화재로 지정되었다. 현재 비면의 일부가 조금 깨어져
있으나, 전반적으로 보존 상태가 좋다.

『고려진적미방전사자공양비』의 전문을 옮겨본다.

경장(慶長) 2년(1597) 8월 15일에 전라도 남원에서 대명 군사 수천
명을 토포하는 가운데 자신의 군사가 420명을 죽였다. 동년 10월 그
믐에 경상도 사천에서 대명인 8만여 명을 공격해 죽였다. 고려국 진
지에서 싸우다 죽은 적과 아군의 군사들이 모두 불도로 들어가기를
바란다. 위 전장에서 아군 사졸로서 화살, 칼, 몽둥이에 죽은 자가
3천여 명이고, 바다와 육지에서 횡사, 병사한 자가 모두 상세히 기술

---

24 『高麗陣敵味方戰死者供養碑』 비문: "慶長第四己亥六月上澣. 薩州嶋津兵庫頭藤原朝
臣義弘建之, 同子息忠恒."
25 『고려진적미방전사자공양비』는 당초 고야산 食堂路 곁에 세워졌으나, 1800년대 전
후에 현 위치로 옮겨졌다고 전해온다.(李世淵,『사무라이의 정신세계와 불교』, 혜안, 서
울, 2014.9, 195쪽에서 인용)

하기 어렵다.[26]

이 비석은 도진의홍(島津義弘)
부자가 정유왜란 때 죽인 적과
아군의 전사자 영혼을 공양하기
위해 세웠다. 이들이 공양하고자
한 대상자는 크게 3부류이다. 첫
째, 1597년(경장 2) 8월 15일(조선
력 16일)에 남원성 전투에서 살육
한 420명이다. 둘째, 동년 10월
에 사천 전투에서 살육한 명군 8
만여 명이다. 셋째, 정유재란 때
참전에 나섰다가 자국의 전사자

『고려진적미방전사자공양비』 엽서

3천여 명과 셀 수 없는 횡사자·병사자이다.

도진의홍(島津義弘)의 가신 연변원진(淵邊元眞)이 남원성 전투를 기
술한 『도진가고려군비록(島津家高麗軍秘錄)』(일명 『연변주우위문각서(淵邊
晝右衛門覺書)』)이 있다. 여기에 도진의홍 부자가 남원성 전투에서 살육
한 장면을 기술해놓았다. 8월 15일(조선력 16일) 밤에 화살과 조총을
쏘아대며 창과 장도로 성문을 돌격할 때 갑자기 성이 점령되자 적 5백

---

26 『고려진적미방전사자공양비』 비문: "慶長二年八月十五日, 於全羅道南原表大明國軍
兵數千騎被討捕之內, 至當手前四百卄人伐果畢. 同十月朔日於慶尙道泗川表大明人八萬余
兵擊亡畢. 爲高麗國在陣之間, 適味方閧死軍兵, 皆令入佛道也. 右於度度戰場, 味方士卒
當弓箭刀伏被討者三千余人, 海陸之間橫死·病死之輩具難記矣."

명이 도망쳤다. 살마(薩摩) 군사가 달려가 420여 명을 죽였고, 적 1명이 나무를 타고 올라가는 것을 병고두(兵庫頭; 島津義弘)가 조총으로 쏘아 죽였다.[27]

『고려진적미방전사자공양비』에 남원성에서 살육한 순절자의 숫자를 420명이라고 했다. 반면 풍신수길이 도진의홍(島津義弘) 부자에게 준 주인장과 대하내수원(大河內秀元)『조선물어』의 기록에 모두 살육한 순절자의 수급을 421명이라고 했다.[28] 이것은 아마도 병고두(兵庫頭; 島津義弘)가 조총으로 살해한 1명을 제외시켰지 않았나 생각된다.

『고려진적미방전사자공양비』에서 살육한 순절자의 출신을 명군이라고 적어놓았는데, 실상은 조선군과 일부 명군이 섞여있었다. 도진의홍(島津義弘)이 남원성 공략에서 맡았던 구역이 북문이다. 당시 북문은 이복남 등 조선군이 방어를 전담한 지역이다. 다만 성이 무너진 직후 성안에 있던 일부 명군이 북문으로 몰려들어왔다가 마구 살육을 당했다. 따라서 도진의홍이 살육한 순절자의 출신은 대다수가 조선군으로 구성되었고, 일부 명군이 섞여 있었던 것으로 추정된다.

비문에 말한 사천 전투는 1598년(선조 31) 10월에 명 동일원(董一元), 조선 정기룡(鄭起龍)이 거느린 조명연합군과 도진의홍(島津義弘)이 이끄는 일본군 사이에 펼쳐진 사천성 전투를 지칭한다. 비문에 전투연도

---

27 『島津家高麗軍秘錄』: "八月十五日之夜, 城涯二押寄, 弓·鐵砲散散打立, 鑓·長刀二而門門より責被入候, 頓而其夜之夜半二落城二候, 逃行敵五百人, 薩摩之御前二馳通り候間, 其夜四百貳拾余人, 薩摩之御手より御討取被成候, 敵壹人木二馳登り候間, 兵庫頭樣鐵砲二而御討取被成候."

28 大河內秀元『조선물어』에 말한 羽柴兵庫頭는 島津義弘을 지칭한다. 羽柴는 1588년(天正 16)에 豊臣秀吉로부터 하사 받은 이름이고, 兵庫頭는 관직명이다.

를 1597년(경장 2)에 펼쳐졌다고 한 기록은 오기이다. 도진의홍 부자가
사천 전투에서 살육했다고 한 명군이 8만여 명은 크게 과장된 것이다.
사천성 전투에 나선 조명연합군은 중로군이다. 조명연합 중로군이 한
때 사천고성을 점령하고 사천신성으로 진격하였지만, 화약고의 폭발
과 작전 미숙으로 인하여 일본군의 역습을 받아 많은 사상자가 발생되
었다. 하지만 그 숫자가 결코 비문의 기록처럼 8만여 명이 될 수가
없다. 조명연합 중로군에 속해있는 병력 수는 명군이 26,800명, 조선
군이 2,215명으로 총 29,015명이다.[29] 따라서 비문에서 8만여 명이라
는 기록은 사천 일대에서 살육한 조선 민간인을 포함시킨 것이지만,
도진의홍 부자가 자신들의 전공을 크게 부풀려 놓은 가공의 수치이다.

　도진의홍(島津義弘) 부자가 거느린 군사 가운데 전사자만 3천여 명
으로 꽤 많다. 이들 또한 여러 전장에서 격렬한 전투를 하면서 목숨을
잃었다. 이 가운데 남원성 전투에 죽은 군사도 있을 것이다. 또 비문에
서 바다에서 죽었다고 한 횡사자 가운데에는 노량해전 때 전투 과정에
서 죽거나 익사당한 도진의홍 군사도 포함되었을 것으로 추측된다.
순천왜성의 소서행장(小西行長)을 구원하기 위해 나선 도진의홍 함대
가 300척이다.[30] 이들 가운데 상당수가 조명연합수군과 싸우다가 깨어
지거나 격침되었다.

　끝으로 비석 앞에 세운 안내판에 도진의홍(島津義弘) 부자가 비석을

---

29 『선조실록』 31년 10월 12일(갑자)일 : "是時, …… 中路天兵二萬六千八百, 我兵二千二
百十五名 ……, 共計十餘萬."
30 『經略御倭奏議』 권6 「獻俘疏」 : "石曼子卽日督令本營船三百隻, 將官鴨南皐衝鋒船六
十隻, 對馬島太守衝鋒船八十隻, 隨後船隻不知其數, 奔救行長."

세운 것이 일본 무사도와 박애정신이 발로했다고 기록했다.[31] 물론 전쟁에서 죽은 적과 아군 군사의 영혼을 위해 공양하겠다는 마음에서 나왔지만, 살육을 마구 자행했다는 사실을 부인할 수 없다. 그리고 도진의홍 부자가 사천전투의 전과 기록처럼 자신의 군공을 드러내고자 한 숨은 의도도 있다는 점을 간과해서는 안 된다.[32]

5. 결론

남원은 정유재란 때 순절자의 혼이 퍼렇게 서려 있는 곳이다. 1597년(선조 30) 8월에 일어난 남원성 전투는 우리가 영원히 잊어버릴 수 없는 역사적 사건이고, 또한 호국의 중요성을 가르쳐주는 역사적 장소이다. 조명 연합군과 의병, 민초들이 남원성 전투에서 대규모 일본군을 맞이하여 중과부적으로 성이 함락되는 운명을 맞이했지만, 끝까지 혈전분투하며 순절하였다.

1598년(선조 31) 4월에 남원으로 돌아온 명장 이방춘(李芳春)이 성 안팎에 백골이 산처럼 쌓여있는 것을 보고 군졸들에게 명하여 유해들을 모아 거대한 무덤을 만들었다. 이것이 바로 만인의총의 전신이다. 1612년(광해군 4)에 남원 사람들에 의해 사당이 세워지고 순절자를 위

---

31 안내판은 1971년(昭和 46) 3월 31일에 和歌山縣敎育委員會, 高野山文化財保存會, 菩提所, 正智院이 공동으로 세웠다.

32 근대 일본인과 일본사회에서 『고려진적미방전사자공양비』를 일본 사회의 박해 사상을 보여주는 사례에 대한 풀이는 李世淵의 「고려진공양비의 유전」(『사무라이의 정신세계와 불교』 제6장) 참조.

한 제향을 지냈다. 4백여 년이 지난 오늘날에도 매년 만인의총에서 지역 사람들의 정성어린 추모 행사가 이루어지고 있다.

남원성 전투를 치른 일본군은 각 장수별로 살육한 순절자의 숫자를 적은 주진장을 막부에 올려 보냈다. 풍신수길은 각 장수가 올려 보낸 순절자의 숫자를 확인하고 전공을 확인해주는 주인장을 발급해주었다. 오늘날 모리고정(毛利高政), 도진의홍(島津義弘), 도진충항(島津忠恒), 도진풍구(島津豊久), 가등가명(加藤嘉明), 등당고호(藤堂高虎), 내도통총(來島通總) 등에게 각각 발급한 주인장이 원본 또는 기록으로 전해오고 있다. 대하내수원(大河內秀元)은 『조선물어(朝鮮物語)』에서 각 장수별로 남원성 전투에서 살육한 순절자의 숫자와 각 성문 구역별 등제반 사항을 작성해놓았다. 이 기록에다 등당고호에게 발급한 주인장에 차이를 보이는 숫자를 합하면 전체 순절자는 총 3,735명이다. 남원 일각에서는 만인의총의 '만인(萬人)' 글자에 집착하여 순절자가 만 명이라고 주장하고 있으나, 이를 뒷받침해줄 근거를 찾아볼 수 없다. 광복 이후에 순절자가 아주 많다는 의미에서 '만인'이라는 명칭이 처음 부여되었다.

일본군은 자신의 전공을 확인시키기 위해 순절자의 코를 베어 항아리에 담아 풍신수길에게 보냈다. 오늘날 일본에 비총이 여러 곳이 있는데, 그중에 남원성 순절자와 관련된 것으로 비전시(備前市) 웅산(熊山)의 천인비총(千人鼻塚)과 이도군(伊都郡) 고야산(高野山) 오지원(奧之院)의 『고려진적미방전사자공양비(高麗陣敵味方戰死者供養碑)』가 있다. 천인비총은 남원성 전투를 총괄한 우희다수가(宇喜多秀家)에 속해있는 장리 육개(六介)가 조성한 비총이다. 『고려진적미방전사자공양비』는

1599년(경장 4)에 도진의홍(島津義弘) 부자가 세웠던 비석이다. 비문에 남원성 전투에서 살육한 순절자 420명(실제로 421명)의 영혼이 불문에 들어가도록 공양한다는 기록이 담겨져 있다. 반면 일본에서는 비총이나 공양비를 순절자의 유해까지 마구 도륙하는 비인간적인 만행을 숨긴 채 무사도와 박애정신이 발로해서 조성했다고 미화하고 있다.

[燁爀之樂室]

정유재란 남원성 전투
명장 양원(楊元) 구명과 부장(副將) 순절

1. 서론

정유재란, 1597년(선조 30)에 일본군의 두 번째 대규모 침략전쟁이 일어났다. 일본 풍신수길(豊臣秀吉)은 명나라와 지루하게 이어지던 강화회담을 결렬시키고 다시 한 번 대규모 군사를 편성하여 조선으로 보내어 침략전쟁을 일으켰다. 명나라는 일본군의 재침 소식을 접하고 다시 한 번 대규모 군사를 편성하여 조선으로 보내기로 결정하였다. 명 군부는 대규모 군사를 편성하기에 앞서 일본군의 북상을 막아내기 위해 임무 유기로 체임된 부총병 양원(楊元)을 복직시켜 변경과 가장 가까운 요동영병을 이끌고 급히 조선으로 보냈다.

당초 양원은 명 군부의 사전계획에 따라 충주성 방어에 나설 예정이었으나, 자신이 거느린 요동기병의 장기, 전공을 세우겠다는 심리작용, 헤어진 충주성의 방어시설, 선조의 권유 등으로 남원으로 바꾸어 방어에 나섰다. 1597년(선조 30) 6월에 양원은 남원에 내려와 성곽 개축, 해자 건설, 군량 비축, 군기 보충 등 남원성 방어 작전을 총괄했다.

8월에 조선 전라도병마절도사 이복남(李福男)이 거느린 관군과 함께 지키던 남원성은 중과부적, 고립무원, 교룡산성 포기, 방어 작전실패, 양원의 자만심과 도피심리 등으로 끝내 함락되는 결과를 맞이했다. 당시 성안에 있던 많은 조명연합군은 끝까지 항전하다 순절하는 최후를 맞이했다.

　남원성 전투에 나선 명군의 장수들이 보여준 행위는 크게 두 부류로 나뉜다. 한 부류는 남원성 전투를 총괄한 명 양원이다. 양원은 성이 함락될 때 소수 가정과 함께 탈주한 뒤 패전의 책망을 면피하기 위해 분망하게 구명활동을 하며 돌아다녔으나, 끝내 명 군부로부터 패전의 멍에를 쓰고 처형당하는 굴욕을 받았다. 다른 한 부류는 양원의 부장(副將) 이신방(李新芳), 모승선(毛承先), 장표(蔣表)이다. 명 부장들은 성안에 있던 조선군과 함께 일본군과 맞서 싸우다가 끝내 순절하였다.

　여기에서는 명 장수 양원과 부장들이 보여준 행위에 대해 자세히 분석해본다. 조선 조정은 명 장수 양원과 부장들에 대해 어떻게 바라보고 있는지? 특히 남원성 전투에서 많은 순절자를 남긴 남원 사람들이 바라보는 시각은 어떠한지? 남원 관왕묘(關王廟)는 명군 부장의 순절과 어떤 연관이 있는지? 아주 흥미로운 주제이다. 집필자의 과문인지 모르겠으나 여기에 관해 아직까지 선행연구물이 나오지 않았다. 남원성 전투와 관련된 제반 분석은 따로 분석한 문장이 있으니 참조하기 바란다.[1]

1　朴現圭,「정유재란 시기 남원성 전투 고찰; 명 楊元을 중심으로」,『충무공 이순신과 한국 해양』5호, 해군사관학교 해양연구소, 2019.1, 117~147쪽; 朴現圭,「정유재란 남원성 전투 순절 무덤과 제향 연구」,『日本研究』32집, 고려대학교 글로벌일본연구원,

2. 문안접반사 정경달(丁景達)의 명 양원(楊元) 구명활동

1597년(선조 30) 8월 16일 남원성 방어를 총괄하는 명 부총병 양원은 장막에 있다가 성이 함락된다는 보고를 접하고 놀라 옷도 입지 않고 맨발로 나섰고, 황급히 전보관(傳報官) 영국윤(寧國胤)의 옷과 신발로 갈아입고 가정(家丁) 18여 명과 함께 말을 타고 서문으로 탈출하였다.[2] 탈출 과정에서 두 군데 창상을 입었으나 끝내 포위망에서 벗어나 대로를 따라 서쪽에 있는 익봉산(益鳳山)을 넘어 3백리를 달아나 3일 만에 은진관(恩津館)에 도착했다.[3] 압록강을 건너올 때 요동영병, 가정, 잡류 등이 3,117명이었는데, 은진관에 도착한 명군을 점검해보니 불과 170여 명만 남았다.[4]

남원성 패전 소식이 한양으로 전해오자 조선 조정은 큰 충격에 빠졌다. 선조는 남원성이 함락되었다는 말을 듣고 놀라움을 금치 못했고, 나중에 양원이 포위를 뚫고 나와 은진관에 머물고 있다는 소식을 접하고 즉시 정경달(丁景達)을 문안접반사(問安接伴使)로 삼아 양원에게 보냈다.[5] 조선 조정이 패전한 명장 양원에게 내린 처분은 조선 장수의

---

2 『兩朝平攘錄』: "(만력 25년 8월)至十六日一更, 倭忽擁至南門, 狞時登城, 先開城門, 賊遂入城. 楊元在帳中聞之驚起, 不及被衣, 跣足出廳上, 脫傳報官寧國胤衣靴, 帶隨從家丁十八人, 逃出西門." 양원이 탈출할 때 함께 나선 가정의 숫자에 대해 『양조평양록』은 18명, 『事大文軌』는 10여 명, 『난중잡록』은 50여 명이라고 했다.

3 『兩朝平攘錄』: "(만력 25년 8월 16일)元小統領, 除李福男等, 凡遼東營兵并家丁雜流, 共三千一十七員名, 及出圍從大路西益鳳山走三日, 直至恩津館, 查見在者一百七十人而已. 李福男等皆死賊中."

4 『經略御倭奏議』 권2 「會參楊元·陳愚衷疏」: "今二十五日楊元差人稟稱, 隨出見在者一百七十餘人. 到職案照楊元所領遼東官兵并家丁·雜類等項共三千一百一十七員名."

경우와 아주 달랐다. 조선 장수라면 패전의 책망을 따지는 것이 당연한 처분이지만, 당시 조선 조정이 가지고 있는 지상과제, 즉 명 군부로부터 군사 지원을 받아 일본군을 몰아낼 수 있다는 현실 때문에 명장 양원에게 패전의 책망을 물을 수가 없었다. 그래서 선조는 양원을 위로하기 위해「총병양원전계(摠兵楊元前啓)」를 작성해서 정경달을 통해 전달했다. 「총병양원전계」는『사대문궤(事大文軌)』에 수록되어 있다. 아래에「총병양원전계」의 내용을 요약해본다.

양원이 7, 8겹이나 되는 포위망을 뚫고 승냥이와 호랑이의 굴을 벗어날 수 있는 것은 황상의 위령과 대인의 충의이고, 일월풍운이 보호한 바이다. 예전에 대인(양원)이 군사를 이끌고 와서 조선에 큰 공적을 세웠다. 패강(대동강)에 사당을 세웠으나, 그때의 공적에 미치지 못하여 미안한 마음이 들었다. 이번에도 우리나라(조선)가 난을 진압하지 못해 노고스럽게 대인(양원)이 다시 나오게 되었다. 남원성이 함락된 것은 어찌 대인의 용기와 지혜가 부족하다고 할 수 있겠는가? 군사가 외롭고 성이 쇠잔한데다가 우리 민초들이 모두 도망치는 바람에 대인이 홀로 사나운 적과 맞이하여 싸웠으나 끝내 성이 함락되었다. 이것이 모두 우리의 잘못이라 부끄러운 마음이 든다.[6]

---

5   『盤谷集』권3「楊摠兵慰問記」: "夕到館, 迎我入房, 相與攜手泣下. 告曰: 國王初聞陷城, 不勝驚痛. 及聞老爺潰圍而出, 令陪臣馳問安云."

6   『事大文軌』권22「摠兵楊元前啓」: "自大人在圍中, 消息阻絕, 寡人坐不貼席, 食不甘味, 載起載行, 屬耳南風, 責令本道領兵陪臣李福男·吳應台等, 糾率兵馬, 委身赴援, 此何能爲有無於陣前, 顧欲盡其鄙力所及者而已. 十八日, 從都督衙門得見撥傳言南原不守, 大人由西門殺出, 不知去向. 寡人拊膺頓足, 只欲一死而無地, 日夜所望者, 惟神明護衛, 若千金之軀, 着在那邊. 寡人雖朝夕國亡, 亦無所恨, 卽刻又得撥傳於都督衙門, 言大人率十餘軍丁, 已到恩津地方, 寡人且喜且感, 不覺涕泗之交下也. 此實皇上威靈, 大人忠義, 日月風

「총병양원전계」는 8월 21일경에 작성되었다. 조선 조정의 입장에 본다면 명 양원은 대일본 전쟁을 수행하는데 필요한 장수이다. 임진왜란 초기에 양원은 제독 이여송(李如松)의 부장으로 들어와 평양성 탈환에서 큰 공적을 세웠고, 정유재란 발발하자 선발 지원군으로 들어와 최일선에서 일본군의 북침 방어에 나섰다. 향후 대일본 전쟁에서도 계속 중요한 역할을 맡아 전장에 나설 것으로 보였다. 그래서 선조는 외교적 언사를 최대한 동원하여 남원성 패전이 우리의 책임이고 그대의 잘못이 아니라며 양원에게 위로의 말을 전하였다.

지난 패강에 세웠다는 사당은 평양 무렬사(武烈祠)를 지칭한다. 1593년(선조 26) 1월에 이여송이 이끄는 명군이 평양성을 탈환하여 그동안 수세에 놓였던 전쟁의 양상을 공세로 뒤집는 변곡점이 되었다. 동년 9월에 조선 조정은 명나라와 군사 관계를 고려해서 평양성의 서문 안에 살아있는 인물을 모시는 생사당인 무렬사를 세웠다. 무렬사에 원병 파견에 결정적인 도움을 준 병부상서 석성(石星)과 조선 이산군(理山郡) 출신으로 명군을 총괄한 제독 이여송을 주향하고, 이여송의 부장으로 평양성 탈환에 공적을 세운 이여백(李如栢), 장세작(張世爵), 양원을 배향했다.[7] 무렬사는 일제강점기에 훼멸되었다.

선조는 남원성이 함락된 것이 양원의 잘못이 아니고, 모두 열악한

雲, 盡爲保佑, 不然安得脫於七八匝, 縱橫豹虎之窟哉. 大人曾有大功德於小邦, 浿江之祠, 亦不足以罄表下悰. 小邦不卽弭亂, 勞大人再出, 逢此潰圍之危, 此豈大人勇智不足, 以孤軍處殘城, 而小邦之民, 悉皆迸避, 致大人獨當方張之賊, 其城不破而何, 此實寡人之罪, 懷懷愧恧, 無以自解於天地, 謹遣陪臣刑曹參議丁景達, 星夜馳慰, 不腆薄物, 略具別幅, 非敢以此謂可爲禮, 念大人行李不備, 聊供一段之奉, 敢肅此專謝, 不宣."

7 『선조수정실록』 선조 26년 9월 1일(임자)조.

외부 환경에서 기인된 것이라고 했다. 이 말은 절반은 맞고, 절반은
틀렸다. 양원이 총괄한 조명연합군의 인원수가 4,300명~5,000여 명
으로 일본군의 인원수 56,800명에 비해 1/10 정도인지라 한마디로 중
과부적의 벽을 넘기가 힘들었다.[8] 또 유사시에 남원 ― 전주 ― 공주
― 한양으로 연락 및 구원 체계를 세워둔 명 군부의 사전 작전이 먹혀
들어가지 않았다. 남원성이 함락 위기에 빠지게 되면 인근 전주에 주
둔한 명 진우충(陳愚衷)의 군사가 구원해오기로 했던 명 군부의 작전이
제대로 수행되지 않아 남원성이 외롭다는 말은 사실이다. 하지만 성이
쇠잔하고 민초들이 도망친 말은 일종의 외교적 언사이다. 양원이 남원
성을 처음 보고 지킬만한 하다고 여겼고, 곧이어 대대적인 역사 작업
을 통해 성곽을 방어하는 수준을 크게 높였다. 남원에 있던 민초들이
도망쳤지만 이와 반대로 이복남이 조선군을 이끌고 남원성으로 들어
가 양원 지원에 나섰다.

　정경달은 예전에 먼발치였지만 양원을 본 적이 있었다. 1597년(선조
30) 5월 오위장(五衛將)에 임명될 즈음에 양원이 군사를 이끌고 한양으
로 들어오는 과정을 보았고, 또 남별관에서 양원이 선조와 만날 때

8　남원성 공략에 나선 일본군의 규모는 宇喜多秀家의 좌군 49,600명과 藤堂高虎 등의
수군 7,200명, 총 56,800명이다. 반면 남원성 방어에 나선 조명연합군의 규모에 대해
정확하게 알려진 바가 없지만, 여러 정황으로 보아 대략 4,300명~5000여 명으로 추정된
다. 일본 大河內秀元이 『朝鮮物語』에서 남원성을 함락시킨 뒤 막부에 보고한 조명연합군
순절자의 숫자가 3,726명이다. 여기에다 은진관으로 탈주한 명군 170여 명, 기타 지역으
로 탈출한 미상의 숫자를 더하면 조명연합군의 규모가 얼마인지를 가늠할 수 있다. 일부
에서는 '만인의총' 명칭에서 따와 조명연합군 순절자의 숫자를 10,000명으로 보고 있는
데, 이는 잘못이다. 기타 자세한 사항은 朴現圭의 「정유재란 남원성 전투 순절 무덤과
제향 연구」(『日本硏究』 32집, 2019.8, 275~295쪽) 참조.

정경달 반곡사

늠름한 모습을 보았다.[9] 8월 21일에 문안접반사로 임명되었고, 22일에
양원을 맞이하고자 한양을 떠나 수원으로 내려갔다. 23일 낮에 수원
교외에서 양원에게 게첩을 보냈고, 밤에 양원이 머물고 있는 처소를
찾아갔다. 이들은 만나자마자 서로 울었다.

양원은 정경달에게 남원성에서 일어났던 고충을 얘기하며 자신을
도와 구명활동에 나서주기를 간절히 요청했다. 적의 군사는 10만 명이
고, 아군은 3천 명이다.[10] 닷새 엿샛날 동안 적이 포위하며 사납게 구는

---

9 『(반곡)난중일기』 정유년 5월 8일, 13일, 20일.

10 양원이 언급한 병력 규모는 수정할 필요가 있다. 일본군 10만 명은 양원이 자신의
입장을 강조하기 위해 실제 규모보다 배로 과장시킨 숫자이고, 아군 3천 명은 자신이
거느린 명군의 병력 숫자만 열거한 것이다.

바람에 끝내 성이 함락되어 겨우 몇몇만 데리고 탈출하였다. 국법이 엄해 장차 성을 버린 군법을 피할 수 없지만, 적의 칼날에 죽지 않고 군법에 죽으면 유골이라도 수습할 수 있다. 국왕에게 자신이 힘껏 싸웠다는 사실을 아뢰고, 또한 이것을 군문(軍門), 경리(經理), 순안어사(巡按御史) 등처로 이자하고 황제에게 주문을 올려 자신의 억울함을 풀어주기를 호소하였다.

정경달은 양원의 호소에 대해 적극적으로 반응하였다. 고립된 군사로 성을 지키다가 함락된 것이 무슨 과실이 있느냐며 적극 나서겠다는 의사를 표시하였다. 다만 구명 절차에 대해서는 의견을 약간 달리하였다. 국왕에게는 마땅히 아뢸 것이고, 명 아문에 보낼 것이 체모상 온당치 못하나 이 또한 힘껏 주선해주겠다. 그러나 지금 국왕께서 당하고 있는 억울함을 풀기에도 어려운 실정인데 감히 황제에게 주청사를 보낼 수 없다며 현실적인 한계를 토로하였다.

임진왜란이 발발했을 때 명 조정은 조선군이 패전한 속도가 매우 빠르고, 허의후(許義後) 등의 잘못 전달된 정보로 인하여 조선이 요동을 침략할 목적으로 일본과 공모해서 군사를 이끌고 왔다며 한동안 의심의 눈길을 보냈다. 이에 대해 조선 조정은 여러 차례 고급사와 변무사를 보내어 의혹을 해소하는데 많은 노력을 펼쳤다. 정유왜란 때 명 지원군이 들어오는 것이 한없이 늦어지자, 조선 조정은 혹시 지난 의혹이 재발되지 않았는지 노심초사했다.

그러자 양원은 이번 전투에서 힘껏 싸웠다는 증거를 내보이며 상대방의 동정심을 유발시키는 행동을 취하였다. 옷을 벗어 창상을 입은 상처와 그곳에서 나온 피로 젖은 옷을 보여주며 눈물을 흘렸다. 이에

정유재란 남원성 전투 명장 양원(楊元) 구명과 부장(副將) 순절 **99**

대해 정경달은 적극적으로 나섰다. 곧이어 국왕에게 보낼 계사의 초고를 작성해서 양원에게 보내주자, 양원은 이를 보고 백 번 절하며 사례하였다. 사실 양원의 부상은 탈출 과정에서 나왔다. 장막에서 자다가 성이 무너진다는 말을 듣고 허둥지둥 전보관 영국윤의 옷과 신발로 갈아입고 가정을 대동하고 서문으로 빠져나오는 과정에서 탄환 두 발을 맞은 부상을 당했다.[11]

24일에 양원이 정경달과 함께 한양으로 들어가니, 선조가 친히 남대문 밖으로 거동하며 양원을 맞아 위로에 나섰다. 여기에서도 양원은 상대방의 동정심을 유발시키는 행동을 취하였다. 양원이 심한 부상을 당해 담여에 누워있어 배례를 못한다며 양해를 구하자, 선조는 담여를 붙잡고 양원이 조선을 위해 싸우다가 다쳤다며 눈물을 흘리고 참혹한 심정을 토로하였다.[12]

양원의 이러한 행동은 모두 계산된 것이었다. 한양으로 들어온 이튿날 양원은 더 이상 요양하지 않고, 홀연히 본국으로 돌아간다며 북상 길에 올랐다. 정경달은 급작스럽게 하직 인사를 하고 뒤쫓아 갔다. 그 후 양원은 북상하지 않고 황해도, 평안도 일대에 머물면서 장차 자신이 받을 처벌을 피하기 위해 각고의 노력을 펼쳤다. 정경달도 양원이 머문 곳을 분망히 찾아다니며 위문과 구명 활동에 나섰다. 다만 비질(痞疾)로 몸 상태가 좋지 않아 겨우 양원을 뒤쫓아 가며 처리할 수밖에 없었다. 나중에 양원이 정경달의 병세가 위중하다는 말을 선조

---

11 『선조실록』 30년 8월 18일(병자)조.
12 『선조실록』 30년 8월 24일(임오)조.

에게 전하며 교체해달고 요청했다. 9월 25일에 문안접반사에 윤수익
(尹壽益)으로 교체되었다.[13]

　이때 양원은 정경달에게 자신이 남원성 패배로 인하여 장차 처벌을
받게 되었다며 구명 활동에 나서주기를 바라는 시를 지어달라고 요청
했다. 9월 10일에 정경달은 평안도 중화(中和)에서 양원의 요청에 따라
오언배율 27운의 「증양총병원(贈楊摠兵元)」을 짓고,[14] 또 중화에서 글씨
를 잘 쓰는 정응린(鄭應麟)이 써서 양원에게 보냈다.[15] 아래에 「증양총
병원」을 옮겨본다.

皇恩天地大　　황은이 천지처럼 크나
海外卵兇孼　　해외에 흉악한 무리가 낳았네
桀犬忽吠堯　　걸(桀)의 개가 홀연 요(堯)임금을 짖어
東人成白骨　　해동 사람이 백골이 되었네
靑丘已陸沈　　청구(靑丘)가 이미 함락당하고
平壤屯禬賊　　왜추(倭酋)가 평양에 주둔하니
皇帝赫震怒　　황제가 발끈 진노하여
命我公馳擊　　우리 공에게 치달려가라고 명했네
神兵未渡鴨　　신병(神兵)이 압록강을 건너기 전에
兇醜已膽落　　흉악한 무리 이미 간담이 떨어졌다

13　『(반곡)난중일기』 정유년 9월 25일: "通事柳宗白札云: 摠兵以令監病重之意, 告于上
前, 故尹壽益改差, 今將陪行."

14　『반곡유고』 권2 「贈楊摠兵元」 자주: "楊敗績南原, 將抵罪, 欲得發明之詩, 故贈二十
七韻."

15　『(반곡)난중일기』 정유년 9월: "初十日戊戌, 作詩二十七韻, 寄上楊摠兵, 留中和府.
…… 此郡進士鄭應麟善書, 令書上摠兵詩."

擧太山壓卵	태산을 들어 알을 누르고
全城遂陷沒	마침내 온 성을 함락시켰도다
炮聲掀地裂	포성에 땅이 찢는 듯하고
箭火揚天赤	불화살에 하늘이 붉게 물들었네
餘威驅醜類	남은 위세로 추악한 무리 쫓아내니
走向東邊縮	동쪽 변방으로 몰러가서
膝行哀乞和	무릎 기며 화친을 애걸하네
宥降封王勅	용서하고 왕으로 책봉하였으나
如何再不恭	어찌하여 다시 공손치 못하게
猖然動兵革	으르렁거리며 병란을 일으켰네
皇帝咨群臣	황제가 뭇 신하에게 물으시고
惟楊汝往敵	오로지 양원이 나서 대적하게 하라
先鋒據南原	선봉이 되어 남원을 웅거하고
鑿池修城堞	못 파고 성가퀴를 수리하며
重壕復重城	해자와 성곽을 거듭 세우는데
不煩吾民力	우리 민력(民力)을 쓰지 않았네
三千乃一心	삼천 병사가 한 마음으로
歃血生死決	피를 바르고 생사를 결의하였도다
重圍七晝夜	칠일 밤낮으로 거듭 포위당했으나
奮義揮天戟	의기를 떨치며 천극(天戟)을 휘둘렀네
開門數衝擊	성문 열고 몇 차례 돌격하여
鏖殺過千百	무찔려 죽인 자가 천백 넘고
孤軍各盡力	고립된 군사 각기 힘을 다했으나
其奈援兵絕	구원병이 끊였으니 어찌하오리
只有李兵使	오로지 이병사(李兵使)만이
提軍助我伐	군사 끌고 와 우리 싸움을 도왔도다
壯膽尙激烈	장렬한 충심은 아직도 격렬한데

矢石俱先竭	화살과 돌이 먼저 떨어지고
南門奄失守	남문이 갑자기 지키지 못하여
衆賊飜衝突	뭇 적들이 넘어 돌진하니
奮擊死後已	힘을 떨치며 죽은 후에 그만두고자
橫馳極斬殺	이리저리 내달리며 마구 참살하였도다
乳背忽受刃	젖가슴과 등에 홀연 칼날을 받았으나
顚仆還馳出	넘어졌다 다시 내달려나가며
當門斬無數	성문에서 무수히 참하고
門外百餘級	문밖에 백여 급을 베었도다
此言非我私	이 말은 내가 사사로이 한 것 아니고
聞諸我軍卒	우리 군졸들에게 들었다오
戰袍血淋漓	전투 갑옷에 피가 흠뻑
壯氣橫天日	장대한 기운이 하늘 해를 가로질렀네
一蹶非戰罪	전쟁에서 한 번 실패는 죄가 아니니
聖恩應加恤	성은을 베풀어주리라
英名振海東	해동에 꽃다운 이름을 떨쳐
千古留方策	천고에 책에 남으리

상기 시를 네 단락으로 나누어 정리해본다. 첫째 단락은 명 황제의 위엄과 파병의 당위성을 언급했다. 황제는 천하를 덮을 수 있는 홍덕(鴻德)을 가졌다. 해외에 있는 흉악한 무리가 걸(桀)의 개처럼 요란하게 짖어 되며 침략해오자 동쪽 사람들이 백골이 되었고, 또한 청구(靑丘; 조선)가 무너져 평양이 함락 당했다. 황제가 불끈 진노하여 우리 공(양원)에게 달려가서 물리치라고 명했다. 신병(神兵)이 압록강을 건네기도 전에 흉악한 무리는 간담을 떨어졌다. 태산을 들어 알을 눌러 평양성

탈환에 나서니 포성으로 땅이 찢겨지고 불화살이 날아 하늘이 붉어졌다. 평양성을 탈환한 남은 여세로 추악한 무리를 몰아내니, 동쪽 바닷가로 물러갔다. 일본 추장(풍신수길)이 무릎 꿇어 애걸하니, 천자가 용서하여 왕으로 봉하였다.

둘째 단락은 양원이 남원성을 늠름히 지켜나가는 모습을 읊었다. 일본이 어찌하여 공손하지 못하고 으르렁거리며 다시 전쟁을 일으켰다. 황제가 뭇 신하들에게 묻고서 양원에게 명하여 나가 대적하라고 했다. 양원은 선봉으로 나서 남원을 웅거하며 해자를 파고 성가퀴를 높이고 성곽을 두텁게 정비하였다. 결전에 나선 삼천 명의 병사들은 모두 한 마음으로 피를 바르고 생사를 같이하기로 맹세하였다. 왜적이 칠일 주야로 거듭 포위하여도 조금도 두려워하지 않고 싸우겠다는 의기를 널리 떨쳤다. 성문을 열고 수차례 공격하여 격살한 적이 천백이 넘었다.

셋째 단락은 양원이 불가피한 함락 상황 속에서도 최선을 다하는 모습을 읊었다. 고립된 군사들이 온 힘을 다하나 구원병이 끊어져 어찌할 수 없었다. 이병사(李兵使; 이복남)가 군대를 이끌고 와서 싸움을 도왔다. 장렬한 기개로 격렬하게 싸웠으나 화살과 돌이 모두 떨어졌고, 돌연히 남문에서 지키지 못하여 적들이 갑자기 들이닥쳤다. 힘을 다한 뒤 죽을 생각으로 종횡으로 적들을 참살하였고, 가슴과 등에 칼날을 받으며 넘어졌다가 다시 내달렸다. 성의 안팎에서 무수한 적들을 참살시킨 전공을 세웠다.

넷째 단락은 양원의 패배를 용서해주기를 바란다는 말을 남겼다. 이 말은 내가 사사로이 한 것이 아니라 우리 군졸들에게 들은 것이다.

양원의 갑옷에 피가 흠뻑 배어있고 장대한 기상이 하늘을 가로질렀다. 한 번의 실패는 죄가 아니니 성은으로 구해줄 것이다. 영명한 이름이 해동에 떨쳐 사서에 천고토록 전한다.

정경달은 양원을 구명하기 위해 장문의 시를 적으며 최선을 다한 모습을 보여주었다. 시편의 첫 구절부터 명 황제의 홍은(洪恩)이 천지와 같다며 외교적 언사를 적절히 잘 활용했다. 일본군이 조선을 침략하여 성이 함락되고 민초들이 살육을 당했다. 명 황제가 진노하여 군사를 보내니 압록강을 건네기 전에 적들이 이미 간담이 떨어지며 두려움에 벌벌 떨고 있었다. 우리 공(我公), 즉 양원이 나서 평양성을 탈환하고 적들을 쳐부숴 멀리 조선의 동쪽 바닷가로 쫓아내었다.

정유재란이 일어나 적들이 으르렁거리며 재침해오자, 황제가 신하들의 중지를 모아 양원에게 남원성을 지키도록 명했다. 정경달은 이곳에서 양원의 이름을 직접 거명하며 양원이 아주 특별한 장수였다는 점을 은근히 부각시켰다. 양원이 남원성을 지키는데 해자를 파고 성가퀴를 보수하며 사전 준비를 철저히 했다. 몇 겹으로 둘러싼 적의 격심한 공세에 대해서도 칠일 주야로 맞서 삼천 명 군졸과 함께 전력을 다해 적들을 많이 살해하는 전과를 거두었다.

그럼에도 불과하고 남원성은 끝내 함락되는 운명을 맞이했다. 정경달은 명나라가 장차 양원에게 패전의 책망을 물을까봐 이번 전투에서 양원이 자신의 본분을 망각하지 않았다는 점을 부각시켰다. 먼저 객관적인 사실을 빗대어 기술했다. 양원이 거느린 군졸의 숫자가 삼천 명에 불과하여 중과부적인 상태였고, 구원병이 끊겨 지원을 받지 못한데다가 화살과 돌이 모두 떨어져 더 이상 지탱할 수가 없다는 점을 들었다. 전주에 주둔한 진우충이 남원성으로부터 거듭된 지원 요청에도 구원병을 보내지 않았고, 남원성이 함락된 소식을 접하고는 성을 버리고 달아났다.

이때 정경달은 조선 군사도 힘껏 싸웠다는 점을 살짝 끼워 넣었다. 구원병이 끊겼다는 대목에서 이병사(李兵使), 즉 전라도병마절도사 이복남이 군사를 이끌고 와서 양원을 도와 싸웠다는 사실을 덧붙여놓았다. 이복남은 구원병이 오지 않는 상황에서 스스로 군졸을 이끌어 남원성으로 들어왔고, 또한 북문에서 맹렬하게 싸우다가 더 이상 저항할 수 없게 되자 불더미 속에 몸을 던져 장렬히 순절했다.

또 정경달은 명나라가 장차 양원에게 성을 버리고 탈주했다는 지적이 있을까봐 양원이 끝까지 용감하게 싸워 적들을 많이 살육했다는 점을 부각시켰다. 양원은 남원성이 함락되는 순간에 적을 한 명이라도 더 죽이고 최후를 맞이하겠다는 결심을 세우고 종횡으로 달리며 적들을 참살하였다. 젖가슴과 등에 적의 칼날을 받으면서도 넘어졌다 다시 내달리며 성문 안팎에서 무수한 적들을 죽인 다음에 간신히 빠져나왔다. 다시 말하자면 양원의 탈주는 자신의 본분을 다하는 과정에서 우연히 발생된 점을 강조했다.

양원이 남원성에서 활약한 부분에서도 자신이 꾸며서 기술한 것이 아니고 전장에서 함께 싸웠던 조선 병사로부터 들었던 말이라며 서술의 객관성을 은근히 밝혔다. 그 증거물로 피가 흠뻑 젖어있던 양원의 속옷을 내놓았다. 전장에서 한 번 패전은 병가(兵家)에서 늘 있었던 일이다. 장차 황제의 성은을 받아 패전의 실수를 용서해주기라고 믿는다. 이번에 용서해주면 장차 양원의 방명(芳名)이 해동에 널리 떨쳐

오랫동안 역사서에 남을 것이라는 말을 남기며 시편을 마쳤다.

조선 조정은 양원의 구명 활동에 대해 적극적으로 나섰다. 객관적으로 판단해보면 당시 양원이 남원성을 지켜내기란 불가항력에 가깝다고 할 수 있다. 남원성에 주둔한 조명연합 방어군의 병력수가 워낙 적고 지원군마저 끊겨진 상태에서 병력수가 10배나 넘는 일본군의 거센 공세를 이겨내는 것은 사실상 아주 힘들다. 나중에 조선 사관이 한양에 도착한 양원의 참두에 대해 논평한 대목에서 이러한 말이 들어가 있다. "양원은 명장이다. 외로운 성에서 혈전을 하다가 구원병이 끊겼으니 남원성의 패전은 형편이 그렇게 만든 것이다."[16]

당시 조선 조정은 양원을 구명해주는 편이 국익에 도움이 된다고 판단하였다. 양원은 평양성 탈환에서 앞장서서 공격하여 큰 전공을 세운 명 장수였다. 정유재란이 일어나자 양원이 선발로 들어와 조선을 적극적으로 도와주었다. 비록 남원성에서 패전의 결과를 초래했지만, 전황이 다시 격화된 시점에서 명 장수를 처형시키는 것보다 백의종군시켜 향후 전투에서 전공을 세울 수도 있다. 이밖에 국왕 선조가 부상당한 양원을 만나보고 측은지심이 발동한 것도 구명 활동에 나서게된 요인 중의 하나로 꼽힌다.

이에 조선 조정은 명 군부에 자문을 보내 양원을 구명하는 활동에 나섰다. 여기에 대해 명 군부의 입장은 완강했다. 경리 양호(楊鎬)는 호조판서 김수(金晬)와 만나는 자리에서 조선 조정이 양원의 구명 활동

---

16 『선조실록』 31년 10월 8일(경신)조 사평: "楊摠兵, 中原名將也. 血戰孤城, 兵單援絶, 則南原之敗, 勢所然也."

에 나서는 것을 힐난하며 못마땅하게 여겼다. 양호는 자신뿐만 아니라 군문 형개(邢玠), 급사중 서성초(徐成楚)도 모두 양원을 처벌하기로 결정했다. 이들은 만약 조선 조정이 양원을 구명하는 말을 한다면 자신들의 입장과 달라 장차 명 조정에서 문제가 될 수 있고, 또 전쟁을 수행하고 있는 현 상황에서 모든 장수들이 양원의 행위를 본받아 하면 어떻게 할 작정이냐며 반대했다.[17]

군문 형개는 명 조정에 도망친 양원과 진우충을 군법에 의거해서 중벌에 처해주기를 주청했다.[18] 명 병부도 절강도어사 하이건(何爾健)의 주청에 따라 양원과 진우충이 군사를 무너뜨리고 나라를 욕되게 했다며 반드시 군법에 따라 처단하는 것에 대해 찬동했다.[19] 곧이어 신종제는 이들의 주청에 따라 양원과 진우충을 처단하기로 결정했다. 도찰원은 양원과 진우충이 전장에서 패배하여 구차하게 도망쳤기에 군법에 따라 나포하여 중한 처벌한다는 성지를 내렸다. 명 군부는 곧장 양원과 진우충을 나포하여 요동으로 보내 투옥시켰고, 경리 양호는 명군 장수들에게 경각심을 높이고자 이들을 체포했다는 사실을 괘방(掛榜)으로 널리 알렸다.[20]

1598년(선조 31) 7월에 선조가 조선에 들어왔던 명 장수들의 안부를 묻자, 황응양(黃應陽)은 양원이 요동 옥사에 수감되어 고생이 심하다고

---

17 『선조실록』 30년 9월 11일(무술)조.

18 『명신종실록』 만력 25년 9월 7일(을미)조: "下逃將楊元·陳愚衷于經略問依律重處, 從邢玠請也."

19 『명신종실록』 만력 25년 10월 4일(신유)조: "兵部覆: 御史何爾健條議, 一謂王京乃朝鮮根本, 國王當效死勿去, 一謂楊元·陳愚衷挫師辱國, 應速正法."

20 『선조실록』 30년 9월 20일(정미)조.

했다.[21] 8월 17일에 양원이 처형당했다.[22] 명 군부는 조선에 나가있던 소속 장수들에게 경고하는 차원으로 양원의 참두를 조선으로 보냈다. 조선 조정은 양원의 처형에 대해 몹시 애석하게 여겼다. 10월 8일에 비변사가 국왕에게 양원의 참두가 한양 남대문 밖에 도착한 사정을 아뢰며 양원의 죽음을 추모해주기를 권유했다. 양원이 비록 남원에서 패전한 장수였지만 평양에서 세운 공적을 잊을 수가 없습니다. 그간의 공적으로 이미 초상화를 그리고 사당을 세워 사람들의 이목에 남아 있으니 지금 어찌 잊을 수가 있겠습니까? 관원을 보내어 제사를 지내는 것이 옳을 듯합니다. 이에 선조는 허하였다.[23] 명 제독 유정은 처형당한 양원을 위해 제사를 지내주었다.[24]

3. 남원성 순절 명 부장의 관왕묘(關王廟) 제향

명 양원의 부장 이신방, 모승선, 장표는 남원성 전투에서 일본군에 맞서 항쟁하다 끝내 순절하였다. 숙종 초에 이르러 명 부장 이신방, 모승선, 장표의 순절을 새롭게 평가하는 작업이 남원 인사들이 중심이 되어 이루어졌다. 남원 출신 유학자 이문재(李文載)는 고향 유림들과 함께 명 부장 이신방, 모승선, 장표의 순절을 높이 평가하며「여본향유

---

21 『선조실록』 31년 7월 16일(기해)조. 실록 원문 黃應暘은 黃應陽의 오기임.
22 『선조실록』 31년 9월 9일(신묘)조.
23 『선조실록』 31년 10월 8일(경신)조.
24 『(1846년판)思庵實紀』하편「東征事實」: "明年戊戌, 朝廷斬楊元·陳愚衷, 傳首於朝鮮, 至提督陣, 都督劉綎設奠祭之."

림첨좌(與本鄕儒林僉座)」를 남겼다. 아래에 「여본향유림첨좌」의 내용을
요약해본다.

옛날 정유년 남원부성이 함락된 이후에 순절한 7인에 대해 모두
충절을 찬양하고 사당에 모시는 흠전이 이루어졌으나 오로지 천장(天
將; 명 장수) 3인에 대해서는 인몰되어 알려지지 않았다. 사당(충렬사)을
세울 초기에 남원부 인사들은 그저 보고 기억한 바에 의거하는 바람에
본국의 순절자만 거론되고 알려졌다. 유독 천장(天將)에 대해서는 이름
도 알지 못하는데 어찌 순절한 사적을 알 수 있으리오? 그러나 환한
절개가 엄폐되거나 공의(公議)가 매몰되지 않고 세월이 갈수록 전해짐
이 더욱 성해졌다. 야사(野史)에 그 이름이 계속 나오고 3장수의 충절
이 비로소 세상에 알려지게 되었다. 남원성을 방어할 때 이신방은 동
문, 모승선은 남문, 장표는 서문을 맡아 전력을 다하여 굳게 지켰고,
또한 적을 살육한 것도 아주 많았다. 성이 함락될 때 부성 민초들을
독려해서 죽을 각오로 싸우다가 끝내 순절하였다. 주장 양원은 야음을
틈타 홀로 도망쳤다. 이들의 충의는 빛나고 장렬하며 남제운(南霽雲)과
뇌만춘(雷萬春)의 죽음에도 손색이 없도다. 충절을 존중하고 향사를 지
내는데 마땅히 피아 구별이 없고, 중국인이 외국에서 순절한 자를 더
욱 알리고 후세에 전해야 한다. 지금 충렬사를 개수하는 날을 맞이하
여 3장수를 추배하여 나란히 사전(祀典)에 올려야 할 때이다.[25]

---

25 『石洞先生遺稿』 권2 「與本鄕儒林僉座」: "昔當丁西本府城陷之後, 立節七人, 皆蒙褒忠
建祠之典, 而惟獨天將三人, 湮沒而無稱之者. 蓋於立祠之初, 府之人士, 只憑耳目之覩記,
所擧者國人而已. 所稱者鄕人而已. 惟彼天將, 旣莫知其名, 又安知其死於事乎? 然則當時
之闕然不論者, 固其爾也. 惟其昭節難掩, 公議不昧, 時移歲久, 傳誦愈盛. 野史繼出其名
者, 見三人者之死義, 始乃彰明於世矣. 竊拾餘論, 夷考其跡, 方嬰城守備之時, 有若摠府中

정유재란 남원성 전투 때 명 부장 이신방, 모승선, 장표는 멀리 타국 땅인 남원에서 대규모 일본군과 맞서 있는 힘을 다해 싸우다가 끝내 순절하는 운명을 맞이했다. 이와 달리 주장 양원은 성을 버리고 탈주하였다. 전투가 끝난 후 이들의 사적은 타국의 장수인 관계로 금방 잊어버렸다. 반면 조선의 순절자는 남원 사람들에 의해 사당이 세워지고 추모 제사를 지냈다. 충렬사는 1612년(광해군 4)에 사당에 세워졌고, 1653년(효종 4)에 사액을 받았다. 처음에는 이복남(李福男), 임현(任鉉), 정기원(鄭期遠), 김경로(金敬老) 등을 모셨고, 곧이어 신호(申浩),[26] 이덕회(李德恢), 이원춘(李元春)을 추향했다.

그러다가 조야에서 충절이 강조되던 숙종 연간에 이르러 명 부장 이신방, 모승선, 장표의 사적이 유림의 의식지향과 부합되면서 주목받기 시작했다. 남원 유림들은 야사(野史), 즉 남원 출신 조경남(趙慶男)의 『난중잡록(亂中雜錄)』을 통해 명 부장들의 사적을 알게 되었고, 또한 이들의 숭고한 충절을 본국의 순절자처럼 나란히 기려야 한다며 추존 활동에 나섰다.

이후 남원 유림의 추존 활동은 조선 조정에까지 알려졌다. 1716년 (숙종 42)에 호남 암행어사 이진유(李眞儒)가 정유재란 남원성 전투의

軍李新芳, 主管東門; 摠府千摠毛承先, 主管南門; 摠府千夫蔣表, 爲西門將, 竭力固守, 所殺甚衆, 及城垂陷, 督率城民, 殊死巷戰, 張空拳冒白刃, 終至於騈首伏斃. 況主帥楊元, 乘夜跣走, 而獨力戰不去, 視死如歸, 其抗義効忠, 炳炳烈烈, 固無讓於南霽雲·雷萬春之死矣. …… 旣有一體之同, 尊慕享祀, 宜無彼此之別, 而中國而死於外國者, 尤當表著而示後世也. 今値忠烈祠改修之日, 追躋三將, 並列祀典, 此其時矣. 幸須僉尊克期齊會於本祠, 呈達本府及巡營, 亟請啓聞, 期於餟享, 不勝幸甚."

26 신호 이름에 대해 『선조실록』, 『난중잡록』에서는 '申浩', 『龍城誌』, 『松沙集』에서는 '申灝', 『雲헐集』에서는 '申皓'라고 적었음.

사적을 아뢰니, 숙종은 남원에
사당을 세우고 명 이신방, 모승
선, 장표를 제향하고, 본국 오흥
업(吳興業)을 정기원 등 7충신과
함께 사우(충렬사)에 추향하도록
명했다.[27] 이때 충렬사에 오흥업
을 추향하여 8충신이 되었다.[28]
또 1746년(영조 22)에 우참찬 원
경하(元景夏)가 명 이신방, 장표,
모승선이 본국 정기원, 이복남

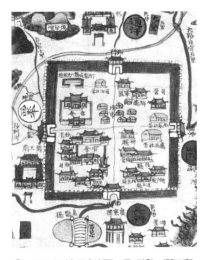

『남원부지도(南原府地圖)』중 관왕묘(關王廟)

등과 함께 순절했는데 충렬사에
본국의 순절자만 제향하고 명 장수를 제향하지 않고 있다고 아뢰니,
영조는 명 장수를 주향하고 본국의 순절자를 배향하도록 했다.[29]

여기에 규명되어야 할 숙제가 남아있다. 숙종이 이신방, 모승선,
장표를 제향하기 위해 남원에 세우도록 명한 사당은 어느 곳을 말하는
가? 조선 순절자를 모신 충렬사인가? 아니면 남원에 세운 또 하나의

---

27 『숙종실록』42년 윤3월 22일(임오)조: "命立祠於南原縣, 祀壬辰戰亡天將李新芳、毛
永先、蔣表等三人, 又以吳興業追享於七忠臣鄭期遠等祠宇. 興業, 卽其時軍餉有司而戰死
者. 先是, 湖南暗行御史李眞儒陳聞, 命本道詳察具奏, 至是許之." 여기의 '毛永先'은 '毛承
先'의 오기이고, '壬辰戰亡'은 '丁酉戰亡'으로 수정해야 한다.

28 문화재청 만인의총관리소 사이트에 오흥업을 1836년(헌종 2)에 추배하였다고 했는
데, 『숙종실록』에 의거하여 1716년(숙종 42)으로 수정할 필요가 있다.

29 『영조실록』22년 8월 30일(계사)조: "右參贊元景夏言於上曰: 南原城陷時, 天朝摠兵
中軍李新芳、千摠蔣表·毛承先, 與我朝接伴使鄭期遠、兵使丘福男等同時戰亡, 而忠烈祠
只享我朝殉節諸臣, 天將則否, 是誠欠典. 上命以天將主享, 配以我朝殉節諸臣." 여기의 '丘
福男'은 전라도병마절도사 '李福男'의 오기이다.

장표신위(蔣表神位)와 신상(神像)

사당인가? 이 문제를 해결해줄 단서가 남아 있다. 영조 때 이익(李瀷)은 조선에 세워진 관우 사당을 논하는 대목에서 남원 관왕묘에 이신방, 모승선, 장표를 배향했다고 했다.[30]

남원 관왕묘는 명 무장들이 무신으로 받들고 있던 삼국 촉나라 장수 관우(關羽; 관운장)를 주향자로 모신 묘우이다. 1598년(선조 31)에 명장 남방위(藍芳威)가 세웠고, 1599년(선조 32)에 명장 유정(劉綎)이 중수했다.[31]

남원 관왕묘는 원래 남원부성 서쪽 바깥에 있었다. 1872년(고종 9)에 남원부가 각 부읍의 지도를 작성하라는 조정의 명에 따라 작성한 『남원부지도』(규10484)가 있다. 이 지도에 남원성 서문 바깥에 「관왕묘(關王廟)」와 성안 서북쪽에 「정유난사절팔충렬단(丁酉亂死節八忠烈壇)」이 그려져 있다. 「관왕묘」가 서문 바깥에 있는 것을 보아 이 지도는 당시 남원부의 모습을 그린 것이 아니고, 옛 남원부 지도를 본받아 그렸다.

1716년(숙종 42) 박내정(朴乃貞)이 관왕묘를 부성 동문 안으로 옮겼고, 1741년(영조 17)에 허린(許繗)이 현 위치인 왕정동으로 다시 옮겼다.

---

30 『星湖僿說』권9「人事門·關王廟」: "南原, 則以天將李新芳、蔣表、毛承先配." 이 기록은 헌종 때 李圭景이 편찬한 『五洲衍文長箋散稿』「經史篇·關壯繆辨證說」에도 보인다.
31 劉綎「(남원)漢壽亭侯廟碑」: "蓋創始于藍遊戎也. …… 肇端于臘朔, 告成于上元."藍遊戎은 유격 藍芳威를 지칭한다.

전북 유형문화재 제22호로 지정되었다. 오늘날 관왕묘 뜰에는 유정이
묘우를 세웠다는 내용을 담은 「명조도독유정건묘사적비(明朝都督劉綖
建廟事蹟碑)」가 세워져 있다. 관왕묘 내에 걸려 있는 탱화 적토마도는
전북 유형문화재 제259호로 지정되었다.

집필자가 남원 관왕묘에서 모시고 있는 신위를 조사해보니 흥미로
운 결과가 나왔다. 본전 정면 우측 배신신상에 놓인 신위에 '현령모공
신위(顯靈毛公神位)', 좌측 배신신상에 놓인 신위에 '현령장공신위(顯靈
蔣公神位)', 그리고 본전 우측 제단에 놓인 신위에 '현령이공신위(顯靈李
公神位)'라고 적혀있는 것을 찾아볼 수 있다. 모공(毛公)은 모승선, 장공
(蔣公)은 장표, 이공(李公)은 이신방을 각각 지칭한다.

따라서 숙종 연간에 이신방, 모승선, 장표를 제향한 사당은 남원
관왕묘임이 분명하다. 영조 연간에 이들을 아직까지 향사하지 않았다
고 한 원경하의 말은 아마도 그의 착오로 보인다.

부록으로 남원성 전투에서 전사한 말 무덤, 즉 의마총에 대해 알아
본다. 당시 남원성 전투에 나섰던 명군은 양원의 요동병이다. 요동병
은 전마를 타고 싸우는 마군으로 구성되었다. 정유재란 초기 양원은
명 군부의 작전에 따라 충추성에 배치될 계획이었는데, 한양에 도착한
이후 갑자기 남원성으로 바꾸어 주둔했다. 양원이 요동병의 장기인
전마를 활용하겠다는 의도가 남원성으로 바꾸었던 요인 중의 하나로
꼽힌다. 남원성의 주변은 넓은 들판이 펼쳐져 있어 기마병이 전투하기
가 편리했고, 반면 충주성은 주변이 높은 산악지인지라 기마병의 활용
도가 크게 떨어졌다.

명 군문 형개의 『경략어왜주의(經略御倭奏議)』에 남원성을 지키던 양

「의마총유지」: 남원 동충동

원 병영의 죽은 말에 대한 기록이 두 곳 보인다. 한 곳은 형개가 마병에 필요한 말이 많이 죽었으니 이를 보급해달라는 대목이다. 양원이 조선에 들어온 지 몇 달 만에 기상과 도로사정이 좋지 않아 죽은 말이 2백여 필이 된다고 했다.[32]

또 한 곳은 형개가 명 조정에 다시 한 번 급히 말을 보급해달라는 대목이다. 정유재란 이후 조선으로 보낸 말 가운데 죽은 말의 숫자가 14,713필이나 된다. 명 조정이 이것을 조사해보는 과정에서 남원성 전투에서 죽은 말이 3,400필인데, 구하기 힘든 전마들을 모두 구덩이나 골짜기에 묻게 되어 실로 안타깝다는 말을 남겼다.[33]

남원성 전투에 나선 명군의 병력은 3,117명이다. 이들 가운데 성이 함락되기 직전에 탈출에 성공한 명군은 양원을 포함한 170여 명이고, 나머지 2,847명은 전사했다. 명군 소속 말의 숫자가 남원성 전투에 나선 명군의 숫자보다 조금 더 많은 것은 전마 외에 운수용 말이 일부

---

32 『經略御倭奏議』 권2 「增調宣大薊遼兵馬覓調閩海商船疏」: "但馬兵遠出異域, 暑雨泥途, 倒損頗多, 卽楊元一營不數月而報倒死者二百餘匹, 卽一營而別營可知."

33 『經略御倭奏議』 권4 「買補東征馬匹疏」: "今督臣題稱倒死一萬四千餘匹, 而楊元南原陣喪馬三千四百不與焉, 是倒死已過半矣. 以難得之戰騎而盡塡之溝壑, 良可惜哉."

포함되었던 것으로 보인다.

남원에 예로부터 의마총에 대한 구전이 전해오고 있다. 오늘날 의마총이 있었다고 한 장소가 두 곳 있는데, 한 곳은 남원시 동충동 389번지이고, 다른 한 곳은 남원시 향교동 196번지이다.[34] 2011년에 남원문화원과 남원학연구소가 동충동에 "의마총유지(義馬塚遺址)" 비석을 세워놓았다.

의마총에 묻힌 말은 누구의 것인가? 현재 기록의 부재로 누구의 것인지는 불분명하지만, 의마총의 의미와 명군 소속의 말의 숫자를 종합 고려해보면 명군 소속의 말일 가능성보다 조선 소속의 말, 특히 조선 장수급 인물의 말일 가능성이 높다. 의마총은 특별한 장수의 말을 묻은 것을 의미한다. 명군 수장 양원은 성이 함락되기 직전에 말을 타고 탈출했다. 또 죽은 명군 소속 말의 숫자가 3,400필인데, 이것들을 모두 묻었다면 말 무덤의 숫자가 현존 알려진 두 곳보다 훨씬 더 많고 아주 커야 한다. 따라서 현존하는 의마총의 말은 조선 장수급 인물, 즉 전라도병마절도사 이복남, 남원부사 임현, 조방장 김경로(金敬老), 산성별장 신호(申浩), 판관 이덕회(李德恢), 구례현감 이원춘(李元春), 접반사 정기원(鄭期遠), 군량유사 오흥업(吳興業) 등 소위 남원 8충신이 타고 있던 말 중의 하나일 것으로 추측된다.

이밖에 전남 강진 작천면 용산리 구상마을에 남원성 전투에 참전했던 또 하나의 말 무덤이 전해온다. 황대중(黃大中)의 자는 정숙(正叔)이

---

34 남원문화원, 『정유년 남원성 싸움: 戰亂의 克服과 昇華』, 남원문화원, 남원, 1997. 12, 88쪽.

고, 호는 양건당(兩蹇堂)이다. 황사효(黃事孝)의 증손이다. 임진왜란 때 병사 황진(黃進)을 따라 진주성 전투에 참전했는데, 성이 함락될 때 애마를 타고 탈출에 성공했다. 이순신 휘하에 들어가 여러 해전에 참전하다가 부상을 당했다. 정유재란 때 이복남과 함께 남원성을 사수하다가 순절했다.[35] 황대중이 남원성 전투에서 전사하자 그의 애마가 장군의 유해를 싣고 3백리 길을 달려 고향 마을에 도달했다.[36] 이후 애마는 먹을 것을 거부하다가 황대중의 장사를 마친 후 3일 후에 죽었다고 전해온다.[37] 마을 사람들은 말의 충절을 기려 무덤을 만들고 '양건당애마지총(兩蹇堂愛馬之塚)'이라는 비석을 세웠다. 2004년 11월에 양건당 충효정리각과 말 무덤은 강진군 향토유적 제19호와 제20호로 지정되었다.

4. 결론

　남원성이 함락되는 순간에 방어를 총괄하던 명 부총병 양원(楊元)은 허둥지둥 소수 가정과 함께 포위망을 뚫고 탈주하였다. 양원이 탈주했다는 소식을 접한 조선 조정은 정경달(丁景達)을 문안접반사로 삼아

---

35 『兩蹇堂文集』 권3 「雜著」 중 「康津邑誌」: "與黃兵使進入晉州, 城陷以神馬得脫, 而隷統制李舜臣管下, 開山之役, 右股爲賊丸所中, 因而委跌, 李公驚歎曰: 昔孝蹇, 今又忠蹇. 丁酉與李兵使福男同赴南原, 中丸而死."
36 『兩蹇堂文集』 권2 「藥峯徐渚祭從事黃公文」: "龍城秋月, 義聲崢嶸, 裹革輿尸, 馬自還鄕." 이 제문은 1608년(만력 36) 10월 4일에 작성되었음.
37 「양건당애마지총」 표지판에 말이 1년 뒤에 죽었다고 함.

양원에게 보내어 위로 활동을 펼쳤다. 이때 선조가 양원에게 전계를 보내어 남원성의 패배가 군사가 외롭고 성이 쇠잔한데다가 성안의 민초들이 도망친데 있다며 외교적 언사를 구사하였다.

당시 조선 조정의 입장에서는 지난 평양성 탈환의 공적으로 생사당에 모신 양원을 구명하는 편이 향후 전란 수습과 자국의 안보에 도움이 된다고 판단하고 적극적으로 구명 활동에 나섰다. 양원도 장차 군법에 처해질 것이라며 분망히 돌아다니며 자신의 구명 활동에 나섰다. 정경달은 양원의 요청에 따라 양원의 지난 공적과 남원성 패배가 불가피했다는 내용을 담은 장편의 시를 작성해주었다.

하지만 명 군부는 조선 조정이 양원을 구명하는 것에 대해 못마땅하게 여겼다. 이들은 양원이 남원성 전투에서 최선을 다하지 못했고 사전에 패배를 예측하고 자신의 행장을 미리 빼돌렸으며, 무엇보다도 향후 전투에서 명 장수들이 양원의 사례를 본받아 싸우지 않고 퇴각하는 후환이 두려워 군법에 따라 처형해야 한다는 주첩을 올렸다. 끝내 양원은 요동에서 처형당했고, 그의 참두가 한양으로 보내어 조리질당했다. 조선 조정은 양원의 지난 평양성 공적을 떠올리며 관원을 보내어 제사를 지내주었다.

명 양원의 부장 이신방(李新芳), 모승선(毛承先), 장표(蔣表) 등은 남원성 전투에서 사력을 다해 끝까지 싸우다가 순절하였다. 숙종 초에 남원 유림들은 순절자 명 부장들에 대한 새롭게 평가하는 작업이 이루어졌다. 곧이어 남원 유림의 평가는 조선 조정에까지 알려졌다. 숙종은 순절자 명 부장들을 위해 남원에 사당을 세우고 제향을 지내도록 했다. 이때 사당을 따로 세우지 않고, 중국 무신 관우(關羽; 관운장)를 주향

자로 받드는 남원 관왕묘에 배향했다. 남원 관왕묘는 1598년(선조 31)
에 명 남방위(藍芳威)가 세우고, 1599년(선조 32)에 명 유정(劉綎)이 중수
한 묘우이다. 영조 연간에 허린(許繗)이 현 위치인 왕정동으로 옮겼다.
오늘날 남원 관왕묘에 순절자 명 부장의 신위(神位)가 남아 있다. 남원
과 강진에 각각 남원성 전투에 장수들과 함께 전투에 나선 의마총,
즉 말무덤이 남아 있다.   [燁爀之樂室]

임란왜란시기
남원 소재 명군(明軍) 유적과 작품 고찰

1. 서론

　남원은 백제 온조왕 때 고룡(古龍)이라 하였다가 초고왕 때 대방(帶方)으로 고쳤다. 685년(신라 신문왕 5)에 남원소경(南原小京)이 설치되었고, 757년(경덕왕 16)에 대방을 남원으로 고쳤다. 940년(고려 태조 23)에 남원부가 되었다. 1310년(충선왕 2)에 대방으로 환원되었다. 1360년(공민왕 9)에 다시 남원으로 바뀌었다. 1413년(조선 태종 13)에 도호부가 되어 1군 18현을 관할하였고, 1654년(효종 5)에 전라좌영을 두었다. 1739년(영조 15)에 일신현(一新縣)으로 강등되었다가 다시 1750년(영조 26)에 다시 남원부로 회복되었다. 용성(龍城)은 남원의 별호이다.

　임진왜란시기 남원은 호남의 보장이 되고 양남의 교통로를 이어주는 전략적인 요충지였다. 전란 초기부터 많은 명군들이 남원으로 들어와 호남 방어에 나섰고, 또한 남원을 중간기착지로 삼아 여러 지역으로 오갔다. 일본열도로 가는 명 책봉사절이 한양에서 남원을 거쳐 영남으로 들어가는 노선으로 활용되었다. 정유재란이 발발하자 조명연합군과 일본좌군 사이에 치열하게 펼쳐진 남원성 전투의 현장이 되었고, 곧이어 명 군부가 사로병진전략을 펼칠 때 서로군(西路軍)의 후방 주둔지 및 감군지휘소로 활용되었다.

남원의 지방지인 『용성지(龍城誌)』, 『남원읍지(南原邑誌)』를 비롯한 남원 관련문헌에 임진왜란시기 명군들이 남원에서 활동한 상황이나 시문이 수록되어 있다. 오늘날에도 남원 일대에서 명군과 관련된 유적들을 일부 찾아볼 수 있다. 이들 유적이나 작품은 임진왜란시기 명군들의 남원 활동사항을 엿볼 수 있는 좋은 자료이다. 따라서 본 문장에서는 임진왜란시기 남원을 배경으로 명군이 남긴 유적과 작품들을 수집하여 집중 분석해본다. 다만 남원에 명 장수 유정(劉綎)과 관련된 유적과 작품이 상당히 많은 관계로 따로 떼어 논술한다.

2. 용성관(龍城館)과 사영루(四詠樓)

691년(신문왕 11)에 남원에 객사가 건립되었고, 훗날 훼멸되었다. 1470년(성종 1) 경에 남원부사 이문병(李文炳)과 판관 이적(李績)이 휼민관(恤民館)을 세웠다.[1] 관명은 이곳에 태조 이성계의 전패를 모시고 민초들을 돕는다는 뜻에서 따왔다. 이후 용성관(龍城館)이라 불렀다. 주로 관원들을 접대하기 위한 객사로 사용되었다. 1597년(선조 30) 8월 남원성 전투 때 소실되었다가 1614년(광해군 6)에 부사 정동설(鄭東卨)

---

1 『新增東國輿地勝覽』 권39 「南原都護府·恤民館」: "卽客官也. 府使李文炳·判官李績建."

이 세우고자 했으나 다 이루지
못했다. 1691년(숙종 17)에 부사
정협(鄭悏)이 손질하고 단장하
였다.[2] 건물 규모가 웅장하여 남
원 광한루(廣寒樓), 관왕묘(關王
廟)와 더불어 남원 3대 옛 건축
물로 불리었다. 한국전쟁 때 소

용성관 석물

실되었다. 현 남원 동충동(東忠洞)의 용성초등학교에 자리한다. 본관
입구에 기단석이 남아있고, 운동장 한 곁에 여러 석물들을 모아두었
다. 용성관 석물은 전북 문화재자료 제104호로 지정되었다. 사영루(四
詠樓)는 용성관 동쪽에 있는 누각이다. 1470년(성종 1) 경에 남원부사
이문병과 판관 이적이 세웠다. 영조 연간에 이미 훼멸되었다.[3] 현 남원
문화원 북쪽에 자리한다.

진운홍(陳雲鴻)은 무림(武林: 현 절강 항주) 출신이다. 유격장군사도지
휘사(遊擊將軍事都指揮使)가 되어 남원을 전후 네 차례 들렀다. 1594년
(선조 27) 12월 27일에 일본과 본격적인 책봉협상에 앞서 적진에 들어가

---

2 『龍城誌』 권2 「龍城館」: "卽客舍, 古之恤民館也. 丁酉倭亂城陷日, 恤民館, 爲七忠臣
自焚致燒, …… 今上卽光海六年庚申之春, 府使鄭東㞦, 改立未完, 至辛未秋, 府使鄭悏修
粧丹雘, 揭號龍城館." 여기에서 1691년(숙종 17)에 정협이 용성관이라는 현판을 걸었다
고 했는데, 이는 조금 수정할 필요가 있다. 임진왜란시기에 이미 용성관이라는 명칭이
존재했다. 趙慶男 『亂中雜錄』 임진년 9월 22일조: "時洸以從軍命在順天, 都事自西海到本
道, 追蹤拿械, 行過南原. 都事至廣寒樓, 門閉不得入, 進龍城館." 또 동서 을미년 1월 1일
조: "春正月元日, 都元帥權慄接伴官李時發, 陪天將陳雲鴻等, 宴饗于龍城館."

3 『신증동국여지승람』 권39 「南原都護府·四詠樓」: "在客舍東. 府使李文炳·判官李績
建." 『龍城誌』 권2 「四詠樓」 중 「신증」: "今廢, 只有石柱二."

사전 분위기와 군사동향을 살피기 위해 한양을 거쳐 남원으로 들어와 용성관에 머물렀다. 이때 낙수비(駱守備; 낙상지), 섭참장(葉參將)도 전주를 거쳐 남원으로 들어왔다.[4] 이듬해 정월 초하룻날에 도원수 권율(權慄)과 접반사 이시발(李時發)이 진운홍을 용성관에서 접대했다.[5] 2일에 진운홍은 남원을 떠나 영남으로 향해갔고, 곧이어 동래의 일본진영에 들어가 강화협상을 펼쳤다. 동월 24일 일본진영에서 돌아와 거창에 도착했고, 28일에 다시 남원으로 들어왔다. 2월 1일에 남원을 떠나 한양을 거쳐 본국으로 들어갔다.[6]

진운홍은 남원에 체류한 짧은 여정 속에서 전후 시 3수를 지었다. 12월 28일에 용성관에서 낮잠을 자다가 꾀꼬리와 까치가 시끄럽게 지저귀는 소리를 듣고 동쪽 동헌 위에 있는 사영루에 올라 주변 풍광을 돌아보고 감흥해서 칠언율시를 지었다.[7]

歲暮京南客未回　세모에 연경 남쪽 객이 돌아가지 못하니
那堪惆悵此登臺　시름 억누를 길이 없어 이 누대에 오르니
萬山雪積迷蒼翠　온산에 쌓인 눈이 푸른빛을 뒤덮고
千里烟嵐蔽草萊　천리에 자욱한 안개가 무성한 풀을 가리구나
日午庭前鶯擾夢　뜰 앞의 꾀꼬리가 한낮의 꿈을 깨우고
朔風樓外鵲喧槐　누대 밖의 까치가 삭풍 부는 홰나무에서 울부짖네

4　『亂中雜錄』 갑오년 12월 12일, 27일조. 『象村集』에 기술된 명군 진영 명단을 보면 駱姓 장수로는 駱尙志 1명만 있고, 葉姓 장수로는 葉邦榮, 葉朝桂, 葉鱨, 葉思忠 등 여러 명이 있다.

5　『난중잡록』 을미년 1월 1일조.

6　『난중잡록』 을미년 1월 2일, 24일, 28일, 2월 1일조.

7　『난중잡록』 갑오년 12월 28일조 陳雲鴻 시: "午睡聞鶯鵲爭喧, 登臺見雪, 有感云."

天涯回顧無窮思　하늘 끝닿는 곳 돌아보니 끝없는 생각 일어나
憂國空慙廊廟才　나라 걱정에 조정 재사임이 공연히 부끄럽구나

여기에서 왕사로 도처를 떠돌아다니는 진운홍의 소회가 잘 나타나
있다. 진운홍은 눈앞에 온산에 내린 눈이 푸름을 자랑하는 소나무를
뒤덮고 있고 천리나 깔린 자욱한 이내가 초야를 가리는 멋진 풍광이
펼쳐지고 있지만, 그의 속마음은 편안하지 못했다. 당시 조정의 명을
받아 멀리 이국땅에 와서 일본군과 강화협상을 잘 풀어야 하는 무거운
책임감에 심한 심적 부담을 가지고 있었다. 그래서인지 시의 마지막에
서 하늘이 끝닿는 곳까지 돌아다녀보니 나라가 근심되고, 자신은 조정
의 인재가 아니라는 생각에 공연히 부끄럽다는 심정을 토로하였다.
이때 진운홍은 자신의 신세를 한탄하는 칠언절구를 더 지었다.

仕路驅馳三十年　벼슬길 좇아 돌아다닌 30년 동안
歷來勞苦未容安　노고 겪느라고 편안한 길 없고
今冬又奉宣傳命　올 겨울 또다시 선전관 명을 받아
萬里遐荒枕雪眠　만 리 먼 거친 땅에 눈을 베고 자네

여기에서 진운홍의 솔직한 심정이 잘 드러나고 있다. 관직에 나선
지 30년 동안 왕사로 인하여 온갖 노고를 겪으면서 얼굴을 한 번 편안
하게 펴지 못하였는데, 금년 겨울에 또다시 조정의 명을 받아 멀리
만 리나 떨어진 이국땅의 황막한 곳에 눈을 베고 잔다며 고난의 심정을
솔직하게 토로하였다.
또 진운홍이 일본진영에서 협상을 마치고 남원으로 돌아와서 지은

칠언절구에서도 자신의 신세를 한탄하였다. 지난 입춘에 경화(京華)의 객이 되었고, 올해 입춘에도 집을 떠나 있었다. 그동안 먼 길을 떠돌아다닌다고 몸과 마음이 지쳐있는 고달픈 모습을 읊었다.[8] 1595년(선조 28) 6월에 진운홍은 명 책봉사절 이종성(李宗城) 등 일행을 모시고 또 한 차례 남원으로 들어왔다.

3. 광한루(廣寒樓)와 상한사(上漢槎)

남원 광한루원(廣寒樓苑)은 멋지게 짜인 누각과 수려한 주변 풍광이 잘 어우러져 조선을 대표하는 정원 중의 하나로 꼽고 있다. 조선 초 황희(黃喜)가 남원에 유배되었을 때 조그만 누각을 짓고 광통루(廣通樓)라 하였다. 1434년(세종 16)에 민공(閔恭)이 다시 새 누각을 세웠고, 1444년(세종 26)에 정인지(鄭麟趾)가 달나라에 옥황상제가 세운 궁전이란 뜻을 가진 광한청허루(廣寒淸虛樓)로 고쳤고, 나중에 줄여서 광한루라 부르게 되었다.[9] 1638년(인조 16) 등 여러 차례 중수되었고, 오늘날 보물 제281호로 지정되었다. 또 광한루 주변의 호수, 오작교(烏鵲橋), 영주각(瀛洲閣), 방장정(方丈亭) 등과 잘 어우러져 광한루원 전체를 명승 제33호로 지정되었다.

---

8 『난중잡록』 갑오년 12월 27일조 陳雲鴻 시: "去年今日客京華, 今日新春又離家, 嬴得朱顔途路遠, 令人傷感自嗟呀."

9 『신증동국여지승람』 권39 「南原都護府·廣寒樓」: "「黃守身記」: 府南二里許, 地勢高平敞闊, 有小樓曰廣通. 歲久頹廢, 歲甲寅府使閔君恭改起新樓, 丁巳柳君之禮, 繼加丹雘. 甲子河東鄭相國麟趾易名以廣寒."

광한루

광한루 앞쪽에 아름다운 호수가 있다. 원래는 물이 띠처럼 가느다랗게 있었는데, 선조 연간에 정철이 크게 개척하고 평평한 호수로 다듬어놓았다.[10] 호수와 그 주변에 오작교, 영주각, 방장정, 완월정(玩月亭), 춘향사(春香祠) 등 오랜 역사를 가진 건축물이 아기자기하게 꾸며져 있다. 상한사(上漢槎)는 원래 은하수를 오르는 전설상의 뗏목인데, 여기에서는 광한루원의 호수에서 띄운 뗏목을 지칭한다.[11] 광한루원에서 누대를 바라볼 수 있는 장소가 여러 곳이 있지만, 호수에서 뗏목을 타고 바라보면 누대의 아름다움을 제대로 느낄 수 있다.

광한루원은 명군들이 자주 들렀던 장소였다. 임진왜란 때 의병장으

---

10 『용성지』권2「上漢槎」: "古時樓前, 但水細如帶, 監司鄭澈拓而大之, 乃作平湖."

11 『용성지』권2「上漢槎」: "湖中有小艇, 名曰上漢槎."

로 활동한 남원 출신 조경남(趙慶男)의『난중잡록(亂中雜錄)』에 명 송대
빈(宋大斌)이 광한루에 지은 시가 수록되어 있다. 송대빈은 광녕(廣寧)
우위(右衛) 출신이다. 1593년(선조 26)에 유격장군으로 마병 2천을 이끌
고 남원으로 들어왔다. 7월에 송대빈은 남원 남쪽의 숙성령에서 적들
을 물리친 후 부읍으로 돌아와 광한루에 올라 쉬었는데, 이때 누대에
걸린 옛 사람의 시를 보고 감흥 받아 칠언율시를 지었다.[12]

戰罷歸來倦倚樓   전투 마치고 돌아와 지쳐서 누대에 기대어
洗兵飮馬大溪頭   큰 내가에서 병기 씻고 말에게 물 먹였네
八山草木千年勝   팔방 산의 초목이 천년이나 뛰어나고
四野烽烟一望收   사방 들판의 봉수 연기가 한눈에 들어오는구나
破竹已乘今日勢   파죽지세를 거둔 오늘
採蓮猶憶昔時遊   채련하는 옛날 놀이가 떠오르네
明朝迫逐嚴諸部   낼 아침에 엄한 여러 군대를 내보내
萬里勳名正此求   만 리 훈명을 이곳에서 구하리

　　조선 말기에 영양(穎陽) 천씨(千氏) 집안에서 천만리(千萬里)의 사적
을 모아 만든『사암실기(思庵實紀)』가 있다. 이 책자에 천만리의「등남
원광한루(登南原廣寒樓)」를 따라 제영한 제공들의 시들이 수록되어 있
는데, 상기 시의 저자를 여영명(呂永明)이라고 적어놓았다. 다만『사암
실기』가 1846년(헌종 12)에 영양 천씨 후손들에 의해 처음 간행되었고,
또한 자료 신뢰성에 대해 논란이 있는 관계로 상기 시의 저자를『난중

---

12 『난중잡록』계사년 7월 9일조: "天朝征倭遊擊將軍廣德宋大斌大捷于南原南宿星嶺, 歸
休廣漢, 敬次樓韻."

잡록』의 기록을 따라 송대빈으로 보는 편이 타당하다.『사암실기』의 문제점에 대해서는 본 책자 뒤편에서 자세히 논하니 참조하기 바란다.

상기 시의 압운은 루(樓)·두(頭)·수(收)·유(遊)·구(求)자이다. 조선 전기에 광한루에서 동일 압운으로 지은 시인으로는 서거정(徐居正), 이석형(李石亨), 성임(成任), 허침(許琛), 이복남(李福男) 등이 있다. 이들 가운데 송대빈이 광한루에서 누구의 작품을 보았는지 알 수 없지만, 아마도 누대의 이름을 광한청허루로 바꾼 서거정의 작품일 가능성이 가장 높다.

이날 송대빈은 숙성령에서 적들을 물리친 다음이라 마음이 한껏 들떴다. 호숫가에서 병기를 씻고 말에게 물을 먹인 다음 누대에 올라가 난간에 기대며 빼어난 경치를 마음껏 즐겼다. 이때 광한루 주변에 피어있는 연꽃을 보고 옛날 소싯적에 물가에 가서 연꽃을 따던 추억이 아련하게 떠올랐다. 또 오늘 전투에서 적들을 물리친 승전을 거두었는데, 내일에도 엄한 군사들을 보내 적들을 쫓아낼 것이라는 기대감을 감추지 못하였다.

1593년(선조 26) 봄에 사인 여영명(呂永明)은 경략 송응창(宋應昌)을 수행하고 압록강을 건너왔다. 얼마 후 거련촌(車輦村)에서 이정구(李廷龜)와 만나 시가를 수창했다.[13] 가을에 양남의 전황을 살펴보기 위해 남원으로 내려왔고, 겨울에 영남 일대를 둘려보고 한양으로 올라갔다.[14] 『용성지』와 『남원읍지』에 여영명이 광한루에서 남긴 「상한사(上

---

13 『月沙集』 권1 「到車輦村, 遇呂相公永明, 携酒話穩. 呂出一詩, 次韻贈之」.
14 『선조실록』 26년 윤11월 7일(정해)조.

漢槎)」가 수록되어 있다. 아래에 전문을 들어본다.

節鉞何年建此樓   어느 해에 사또가 이 누를 세웠느냐
我來登上政新秋   갓 접어든 가을에 내가 이곳에 올랐도다
旌飛北塞黃雲淨   깃발은 북방 변새로 날리고 누른 구름이 맑구나
釖倚南天紫氣浮   보검은 남방 하늘 의지하여 자색 기운이 떠오르네
忽覩兵塵閑異境   홀연 병란 만나 이국땅 경계에서 한가롭게
喜觀文物似中州   중원 같은 문물을 즐겨 보는구나
他時走馬陰山路   다른 날 말 타고 음산(陰山) 길을 지나
剪取長鯨奠海隅   고래 잡아 바다 끝에서 제사 지내리

『사암실기』에 상기 시의 저자를 천만리, 시제를 「등남원광한루(登南原廣寒樓)」로 적고 있는데, 이 또한 책자의 편찬시기가 늦고 자료 신뢰성이 떨어지기에 저자를 여영명으로 봐야 한다. 여영명은 갓 접어든 초가을에 멀리 타국으로 나와 전쟁 수행 차 떠돌아다니다가 남원 광한루원에 들어와 호수에서 뗏목을 타고 휴식하면서 그동안 느꼈던 소회를 시편으로 읊었다. 장수를 상징하는 깃발이 북방 변새를 날리고, 허리에 차고 있는 칼날이 남방 하늘을 찌르는 듯하였다. 오늘 아름다고 기이한 광한루원에서 중화와 같은 문물을 감상하고 있지만, 내일 말을 타고 음침한 산길을 지나 바다에서 고래, 즉 일본군을 무찔러 종묘에 승첩 제사를 지내겠다며 자신감을 토로하였다.

4. 영사정(永思亭)

영사정(永思亭)은 남원 금지면 (金池面) 택내리(宅內里) 내기(內基) 마을에 소재한다. 고리봉에서 갈 라진 줄기가 금지평야와 맞닿은 지점에 정자가 세워져 있어 주변 경관이 아름답기 그지없다. 정자 아래에 널따란 들판이 펼쳐져 있

영사정

고, 들판 가운데 요천이 유유히 흐르고 있다. 1553년(명종 8)에 안전(安瑑)이 부친 안처순(安處順)의 묘소를 향해 망배하기 위해 영사정을 세웠다.[15] 정자 서쪽에 안처순의 묘소가 있다.

영사정은 조선시대 남원을 대표하는 문화 교류의 장소 중의 하나였다. 정철(鄭澈), 양대박(梁大樸), 윤두수(尹斗壽), 김인후(金麟厚), 양사형 (楊士衡), 임제(林悌), 이후백(李後白), 이언경(李彦憬), 기대정(奇大鼎), 한 준겸(韓浚謙), 안위(安瑋), 안정(安珽), 안함(安馠) 등 많은 명사들이 영사 정을 들려보고 제영 또는 화운시를 남겼다. 이밖에 양대박의 「영사정 팔용(永思亭八詠)」 화제를 그림으로 담은 「영사정팔경도(永思亭八景圖)」 가 전해온다. 영사정에 명 사신 주지번(朱之蕃)이 '영사정(永思亭)'이라 고 쓴 편액이 걸려있다.[16]

---

15 『용성지』 권2 「永思亭」: "在金岸坊竹巖. 處士安瑑爲望先塋所建也."

16 전북 지역에 주지번이 쓴 편액으로 남원 금지면의 '영사정', 전주 시내의 '豊沛之館', 익산 왕궁면 宋英耈 고거의 '望慕堂' 등이 있다. 일부에서는 주지번이 한양에서 남행하여 글씨를 썼다고 여기고 있는데, 이는 수정할 필요가 있다. 1606년(선조 39)에 주지번은

영사정은 남원과 순천, 구례를 오가는 육로 교통로에 자리하고, 특히 영사정 앞의 요천은 섬진강의 지류로 내수로 교통로가 형성되어 있다. 임진왜란 때 명 장수들이 자주 풍광이 뛰어난 영사정을 찾았다. 『용성지』에 사대수(査大受), 오종도(吳宗道)의 시가 수록되어 있고, 『매담실기(梅潭實紀)』에 사대수, 오종도의 시 외에 여영명의 시가 더 수록되어 있다.

사대수는 요동 철령위(鐵嶺衛) 출신이다. 1593년(선조 26)에 명 군부의 명을 받아 화포와 군사들 거느리고 남원으로 내려왔다.[17] 동년 7월에 금안(金岸) 영사정에 진을 치고 한동안 머물렀다.[18] 이때 전란에 쓰라린 사적을 돌이켜보며 자신의 심산한 마음을 토로한 칠언율시를 남겼다. 『용성지』에 수록된 「영사정」을 들어본다.

永思亭上啓朱扉	영사정의 붉은 사립문을 열고
入座玲瓏爽籟飛	영롱한 자리 앉으니 상쾌한 통소소리 날아오네
巖下七松凝晚翠	바위 아래 일곱 소나무엔 만취가 엉글고
庭前踈月浸餘輝	뜰 앞 성긴 달엔 남은 빛이 스며드네
靑城霸業殘還復	청성의 패업은 스러졌다 다시 세워졌건만
芳草王孫去不歸	방초의 왕손은 떠났다가 돌아오지 않네
千古興亡多少恨	천고의 흥망이 얼마나 한스러운가
夕陽和淚濕人衣	석양에 눈물 흘러 옷깃을 적시네

황태손 반조정사로 들어왔다. 사행 노선을 보면 압록강을 건너 한양까지 들어왔고, 또한 반조를 마치고 한양을 떠나 북상하여 압록강을 통해 본국으로 들어갔다.

17 『선조실록』 29년 2월 19일(갑진), 8월 3일(갑신), 8월 8일(기축)조.

18 『난중일록』 계사년 7월 6일조.

『사암실기』에 사대수가 상기 시를 광한루에서 지었다고 했는데, 시의 첫 구절 '영사정(永思亭)'에서 보듯이 영사정에서 지었다. 시의 전반부에 아름다운 정경을 묘사하였다. 해질녘에 영사정에 올라 붉은 사립문을 열어놓고 바깥을 바라보니 앞쪽으로 널찍한 금지평야, 뒤쪽으로 푸르른 산림이 펼쳐져 있어 마음이 저절로 상쾌해졌다. 이날 소나무를 스치며 불어오는 시원한 바람결에 상쾌한 통소소리가 섞여 들려오고, 뜰 앞에 떠있는 성긴 달의 남은 빛이 비쳐오고 있어 마치 자신이 딴 세상을 있는 듯했다.

그러다가 시의 후반부에 들어와서 옛 시인들이 널리 애용한 왕손 소재를 끄집어내면서 시의 반전이 이루어졌다. 왕손 소재는 남조 송 사령운(謝靈運)의 「비재행(悲哉行)」, 당 백거이(白居易)의 「부득고원초송별(賦得古原草送別)」, 송 이중원(李重元)의 「억왕손(憶王孫)」에서 보듯이 멀리 떠나가서 돌아오지 않는 왕손을 그리워하는 모습을 담았다. 여기에서는 나라가 망한 왕손으로 묘사했다. 전란에 휩쓸린 조선의 모습을 목도한 사대수는 왕손이 천고의 흥망을 아는지 모르는지 모든 것이 덧없이 흘러가고 있다고 석양을 바라보며 눈물로 옷깃을 적시며 애잔한 노래를 불렀다.

오종도는 소흥부(紹興府) 산음현(山陰縣) 출신이다. 임진왜란 때 여러 차례 남원을 들렀다. 어느 해 가을날 황혼이 찾아올 때 홀로 영사정에 올라 난간에 기대며 휴식을 취하다가 문득 자신의 신세를 돌이켜보는 시편을 남겼다. 일본군을 섬멸하라는 황명을 받들고 만 리나 멀리 떨어진 타국에 왔지만, 아직까지 전화(戰火)가 언제 멈출 수 있는지를 알 수 없었다. 멀리 요해 바다 건너편에 황궁이 있다며 왕사를 생각하고, 또 구름 걸린 저 산 너머에 고향집이 있다며 향수를 달래보지만, 여전히 마음이 심란하여 흰머리만 더하는 슬픔에 잠겨 노래를 읊었다.[19] 여기에서 오종도가 한편으로 왕사를 생각하고, 또 한편으로 고향을 생각하는 마음을 읽을 수 있다.

1593년(선조 26) 가을에 여영명은 남원성 밖 경관이 뛰어난 영사정을 자주 찾았다. 한 번은 영사정에서 그 자신이 은사가 된 느낌을 받아 시편으로 읊었다. 영사정으로 올라가는 호젓한 길에 덩굴이 석벽을 타고 올라가 있고, 영사정에 걸린 주렴 사이로 푸른 도량이 비치었다. 신선한 날씨에 세속의 티끌을 찾아볼 수 없고, 문득 낙엽이 영사정 안으로 날아 들어왔다. 산신령이 속세의 객을 시샘이라도 하듯 가을바람이 나그네의 수레를 재촉하였다.[20] 여기에서 여영명이 영사정의 주변 풍광에 얼마나 매료되었는지를 엿볼 수 있다.

5. 용두정(龍頭亭)과 조기(釣磯)

남원에는 승경지로 알려진 또 하나의 정자인 용두정(龍頭亭)이 있다. 용두정은 선조 초 방응청(房應淸)이 용두산(龍頭山)에 세웠다고 전해온다. 1872년(고종 9)에 작성된 『남원부지도(南原府地圖)』가 있다. 여기에

---

19 『용성지』 권8 오종도 「영사정」: "萬里征人暫倚樓, 黃昏獨坐晚風秋, 千山蒼翠何年盡, 四壁烟花此地收, 丹鳳帝城遼海闊, 望雲親舍越山幽, 不堪抱樹增悲韻, 搔首中華坐白頭."
20 『梅潭實紀』(『竹溪世蹟』 권2) 중 呂永明 「永思亭天將題詠」: "南原城外結幽居, 知是何人日曳裾, 三徑碧蘿浸石壁, 一簾疎影暎青渠, 紅塵不到人無暑, 落葉飄來室自虛, 無乃山靈妬俗客, 秋風一夜促征車."

용두정과 용투산(龍鬪山)이 보인다.

용두산은 현 남원 주생면 지당
리(池塘里)의 주산이다. 용두산에
올라보면 주변에 펼쳐진 경관이 얼
마나 아름다운지를 느낄 수 있다.
남쪽에 요천, 서쪽에 요돌천, 즉 두
개의 하천이 용두산을 감싸며 유유
히 흐르고 있고, 또 하천 주변으로
널찍한 평야와 조그만 연못들이 형

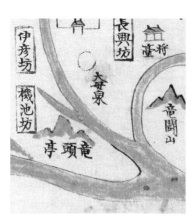

『(1872)남원부지도』 중 용두정

성되어 있다. 용두정은 조선 고종 이후에 훼멸되었다.

1598년(선조 31)에 명 제독 유정은 용두정에서 바라보는 경관이 워낙
뛰어나 중국의 절경지인 소주(蘇州)와 항주(杭州)보다 훨씬 더 낫다며
칭송했다.[21] 용두산 건너편은 명 유정의 군사가 주둔한 용투산이다.
오늘날 용투산 일대에 명군들이 진을 친 흔적들을 찾아볼 수 있다.
또 용투산 아래에 명장(明將)이 못에 종을 빠뜨렸다고 전해오는 종침연
(鍾沈淵)이 있었다. 종침연에 종을 빠뜨린 명장은 용두정을 찾아본 제
독 유정이거나 조기(釣磯)에서 낚시를 한 유격 심유경(沈惟敬)일 것으로
추측된다.

용두정 아래에 낚시터로 사용된 널찍한 바위인 조기가 있었다. 현
재 조기가 소재한 정확한 장소가 알려지지 않지만, 용두산과 요돌천이

---

21 『용성지』 권2 「龍頭亭」: "唐將劉綖登臨曰: 蘇杭之勝, 無過於此." 이 기록은 『南原邑誌』
(규17401본)에도 보인다.

맞닿은 곳임이 분명하다. 이곳에 널찍한 바위들이 있고, 또한 수심 깊은 물이 고여 있다. 1597년(선조 30) 4월에 심유경은 큰 글씨로 '조기(釣磯)'라고 쓴 글자를 바위에 새겨 놓고, 그 옆에 발문을 적어놓았다.[22] 조기 발문을 옮겨본다.

> 予于山水烟霞, 了然不着, 已久相忘. 偶涉是處, 境緣以生, 遂名石日: 釣磯. 意闍浮提中三千大千世界, 何不是境, 何不是幻. 若以釣爲釣, 以磯爲磯, 則又境之幻之幻矣. 釣叟思之不?
>
> 내가 산과 물, 안개와 노을에 분명히 알지 못해 잊어버린 지가 이미 오래되었다. 우연히 이곳을 건너다가 드디어 인연이 생겨 마침내 그 돌에다 '조기(釣磯)'라고 명명했다. 아사부제중의 삼천대천세계가 어찌 이 경계가 아니고, 어찌 이 환상이 아니겠느냐? 만약 낚시를 낚시로 삼고, 낚시터를 낚시터로 삼는다면 또한 경계의 환상 중의 환상이다. 낚시 늙은이가 이를 생각하지 않았겠느냐?

심유경은 절강 가흥(嘉興) 출신의 장사꾼이었다. 임진왜란이 일어나자 외교담판을 주창하는 계책을 올려 병부상서 석성(石星)에게 발탁되었다. 일본군이 평양성을 점거하자 명 군부가 심유경을 유격장군으로 삼아 강화협상을 펼치도록 했다. 심유경은 일본 소서행장(小西行長)과 강화협상을 펼치는 동안 명 군부가 자국의 군사를 동원하는 준비 시일을 벌어주는 공을 세웠다.

백제관 전투 이후 4년 동안 지루한 명일강화회담이 펼쳐졌다. 심유

---

22 『용성지』 권11 「釣臺」: "萬曆二十五年四月日浙西惟敬書." 주: "刻在龍頭亭左, 大書額字" 만력 25년은 1597년(선조 30)에 해당된다.

경은 양측 진영 사이에 교묘하게 농간을 부리며 회담을 주도하여 한때 풍신수길(豊臣秀吉)을 책봉하는 책봉부사가 되어 일본열도까지 들어갔지만, 끝내 강화회담이 결렬되고 그간 속임수가 발각되어 명 군부에 의해 나포되었다. 1597년(선조 30)에 정유재란이 발발하자 심유경은 주화파(主和派) 석성의 도움으로 석방되어 다시 한 번 조선으로 나와 한동안 남원 일대에 머물면서 일본 진영과 접촉하며 재기를 도모하고 있었다.

심유경이 조기 바위에 새긴 시점은 1597년(선조 30) 4월이다. 이때 심유경의 처지는 한마디로 심한 곤경에 빠졌다. 소서행장(小西行長)을 비롯한 일본 진영과 접촉하며 다시 한 번 강화회담을 모색하고 있지만, 뾰쪽이 풀어나갈 방도가 없었다. 당시 일본 군부는 풍신수길(豊臣秀吉)의 명에 따라 조선을 재침하여 전면 공세를 취하고 있었고, 명조정과 군부도 주전파(主戰派)가 득세하면서 더 이상 일본과 강화회담을 전개할 분위기가 아니었다. 더구나 심유경은 그동안 저질렀던 농간이 폭로되어 극형에 처할 위기에 빠졌다가 겨우 주화파 석성의 도움으로 구제되었다.

동년 4월 초에 심유경은 호조판서 김수(金睟)와 만나기 위해 용두정을 찾았다.[23] 이때 잠시 심란한 마음을 달래고자 용두정 아래에 소재한 조기 바위를 찾아 낚시질을 하면서 지금 처해있는 처지와 자신을 되돌아보는 시간을 가졌다. 예전에는 산과 물, 안개와 노을 등 자연이 주는 소중함을 제대로 알지 못하다가, 이제야 그 참된 의미를 깨닫게 되었

---

23 『난중잡록』 정유년 4월조.

다. 자신이 왜 낚시하는 늙은이처럼 자연을 벗 삼아 인생을 즐기며 살아가지 못한 것을 한탄하였다.

명 시랑 손헌(孫憲)은 심유경이 그동안 저질렀던 간계와 일본을 위해 도와준 폐단을 탐지하고 심유경을 처단할 작정으로 급히 차관을 조선으로 보냈다. 차관이 남원에 도착하기 직전에 심유경은 양원(楊元)으로부터 소서행장(小西行長)과 만나 적정을 탐지하라는 명을 받아 의령(宜寧)으로 향했다. 이때 심유경도 더 이상 이 곤경에서 빠져나가기 어렵다고 판단하고 일본 진영으로 탈출을 모색하였다. 6월 27일에 양원은 부하들을 차관과 함께 급히 의령으로 보내어 심유경을 붙잡아 돌아왔다.[24] 이후 심유경은 한양을 거쳐 요동으로 끌려나 끝내 처형되는 비참한 말로를 맞이했다.

『용성지』에 인조 연간에 남원 출신 양진핵(梁振翮)이 조기에서 낚시질한 명장 유정의 사적을 떠올리며 지은 「유정조기(劉綎釣磯)」가 수록되어있다. 이 시에서 임진왜란 때 천자가 장수들을 조선에 보내 일본군을 물리쳐 서광을 비추어주고, 또한 조기 바위에서 낚시질하는 유정의 늠름한 모습을 그려놓았다.[25] 이것으로 용두정을 찾은 유정도 강가에 있는 조기 바위에서 낚시질했던 사실을 엿볼 수 있다.

---

24 『난중잡록』 정유년 6월 19일조.

25 『용성지』 권9 梁振翮 「劉綎釣磯」: "山擁龍頭勢, 江圍釣叟磯, 東樞昔兵燹, 北闕振天威, 腥霧秋霜急, 鯤岑瑞日輝, 帶方雄控引, 楓岳入旋旂, 翠壁臨空蠹, 仙毫得意揮, 寒波噴巨石, 蒼蘚蝕珠璣, 恤小當時義, 朝宗此日違, 回頭遼塞外, 一爲淚沾衣."

6. 범곡(範谷) 천사대(天使臺)와 장법산(長法山)

명나라는 임진왜란 초기부터 지루하게 진행되었던 명일강화회담 끝에 일본에 책봉사절을 보내기로 결정했다. 1595년(선조 28) 4월에 정사 이종성, 부사 양방형(楊方亨)이 조선에 들어왔다. 이듬해 4월에 부산의 일본진지에 머물고 있던 이종성이 일본과의 협상이 난항을 겪고 다른 사람으로부터 일본이 자신들을 유인해 가두어 욕을 보인다는 헛된 말을 듣고 몰래 변복을 하고 탈주하여 본국으로 돌아오는 사태가 발생하였다. 명 조정은 부득불 양방형을 정사, 심유경을 부사로 삼아 일본열도에 다녀오게 했다.

책봉정사 이종성이 남원으로 들어온 시점은 1595년(선조 28) 6월이었다.[26] 접반사 이항복(李恒福)은 남원부에 머물고 있는 이종성의 접대에 대해 세심하게 배려해주었다. 한번은 이종성을 데리고 남원 동쪽 10리 떨어진 범곡(範谷) 일대를 유람하였다. 범곡은 현 남원 주천면(朱川面) 호기리(虎基里) 범실마을이다. 일명 범곡마을이다.

이종성이 범곡 일대를 유람한 기록은 『용성지』「천사대(天使臺)」에 자세히 나와 있다. 천사대 명칭은 이종성이 머물렀던 데에서 나왔다. 접반사 이항복은 천사대 아래 어수천(魚藪川)의 물이 고여 있는 곳에 알록달록한 물고기를 풀어놓고, 또 북쪽 저전산(猪轉山)에 멧돼지와 꿩을 잡아 풀어놓았다. 그러나 이종성은 이 장면을 보고 기뻐하는 기색이 없다가 잠수하는 사람이 자라를 잡아 나오는 것을 보고 크게 기뻐하였다.[27]

---

26 『선조실록』 28년 6월 26일(정묘)조.

범실마을 앞에는 요천, 옛 어수천이 흐르고 있는데, 마을 부근 물이 고여 있는 곳이 천사대가 있었던 장소로 보인다. 마을 건너편이 해발 456m인 장법산(長法山)이다. 이 일대가 경관이 뛰어나고 산세가 완만하여 오늘날 많은 등산객들이 탐방하고 있다. 이종성 기록에 나오는 저전산은 장법산의 한 줄기로 추정된다.

책봉정사 이종성은 주변의 산수를 살펴보고는 이곳이 은사가 살 수 있는 곳이라고 여겼다. 접반사 이항복이 저전산 아래에 은사 유인옥(柳仁沃)이 살고 있다는 말을 하자, 이종성은 즉시 유인옥의 집으로 찾아갔다. 유인옥은 황관을 쓰고 야복을 입고 이종성을 맞이하고 산과로 대접하며 환담을 나누었다. 환담이 무르익을 때 유인옥이 시 한 수를 지어주자, 이종성은 크게 기뻐하며 자신이 지은 문집 1권을 주었다.[28]

이때 이종성이 받은 느낌은 남달랐다. 주변에 펼쳐진 수려한 경관과 그윽한 운치에 한껏 취해 이곳이 은사가 사는 곳이라며 은둔생활을 동경하고 있는 차에 은사가 나타나 반갑게 자신을 맞이하고 산에서 채취한 과실로 대접해주고 시를 지어주니, 그 자신이 마치 은사가 된 듯이 마음이 몹시 흔쾌하였다. 나중에 이종성이 비록 자신에게 주어진

27 『용성지』 권4 「古跡·天使臺」: "在府東十里範谷村前. 萬曆倭亂時, 天使李宗城觀獵于此臺, 故名焉. 臺下有水, 名曰魚藪川水, 北有山, 名猪轉山. 盖天使將遊于此, 伴使豫求錦鱗銀脣儲于水, 又捉山猪·野鷄藏于山, 及天使臨觀, 擧網捉魚, 魚多得, 彎弓射猪, 猪轉而下. 天使觀之, 了無喜色, 唯潛水者捉鱉而出, 則大喜."

28 『용성지』 권4 「古跡·天使臺」: "天使周覽山水, 曰: 眞隱士之所盤, 旋此間, 豈有隱居者存乎? 伴使言彼山中果有之, 若欲見之, 招來可乎? 天使曰: 隱士, 豈敢招乎? 吾當躬詣, 盖其時進士柳仁沃, 居于長法山下, 與臺相望之至, 而仁沃多識見, 有風采. 天使遂造其廬, 納幣. 柳以黃冠野服出迎松關, 以山果待之. 天使與語甚敬."

책봉 본임을 저버리고 도망쳤던 과오를 저질렀지만, 이때만큼은 한 명의 문사로서 조선의 은사와 풍류적인 만남을 하고 있는 모습에서 소탈한 인간적인 면모를 느낄 수 있다. 훗날 남원 출신 노형망(盧亨望) 과 부안 출신 최후재(崔厚載)가 각각 범곡 일대의 수려한 경관을 읊은 시를 남겼다.

7. 갈치(葛峙) 천사봉(天使峰)

임진왜란 때 남원 지역에 명 천사와 관련된 또 하나의 유적이 있다 고 전해온다. 『용성지』에 의하면 천사봉(天使峰)은 갈치방(葛峙坊)에 있 으며 정유재란 때 송대빈(宋大斌)이 봉우리에 올라가 낮잠을 잤다고 해서 명명되었다고 했다.[29]

송대빈은 광녕(廣寧) 우위(右衛) 사람이다. 1593년(선조 26) 정월에 흠 차통령선대입위반병유격장군(欽差統領宣大入衛班兵游擊將軍)으로 마병 2천 명을 거느리고 왔다가 1594년(선조 27) 정월에 본국으로 돌아갔 다.[30] 1593년 5월에 호남으로 내려가 남원 일대에 머물렀다.[31] 7월에 구례로 이동했다가 다시 남원으로 돌아갔다.[32] 10월에 함양을 지나 거 창으로 갔다.[33] 천사봉은 이름에서 보듯이 명 사신과 관련된 유적인데,

---

29 『용성지』권1「山川」: "天使峯, 在葛峙坊. 丁酉倭亂時, 天使宋大斌登睡峰上, 故名焉."
30 『상촌선생집』권57「天朝詔使將臣先後去來姓名, 記自壬辰至庚子」.
31 『난중잡록』계사년 5월조.
32 『난중잡록』계사년 7월 3일조 및 『선조실록』26년 7월 20일, 8월 8일조.
33 『孤臺日錄』계사년 10월 8일조.

송대빈은 장수이지 사신이 아
니다. 어딘가 착오가 있는 듯
하다.

　천사봉이 있는 갈치방은 어
디인가?『용성지』에 갈치방은
동면(東面) 소속으로 15리 떨
어져 있다고 했다.[34] 1872년(고
종 9)에 작성된『남원부지도(南
原府地圖)』에 갈치 지명이 보인
다. 오늘날 남원시 소속에 갈

『(1872년)남원부지도』 중 갈치

치동이 있고, 또 고산봉의 동쪽 기슭인 갈치재가 있다. 갈치 지명은
칡이 많이 나는 데에서 따왔다.

　『용성지』에 갈치방에 처사 한정오(韓正吾)의 정자인 이안정(怡顔亭)
이 있다고 했다.[35] 일부에서는 이안정이 넓은 들이 바라보이는 요천가
의 언덕에 있다고 보고 있는데,[36] 다시 한 번 검토가 필요하다. 예전에
갈치방의 행정구획이 구체적으로 어떠한지는 알 수 없으나, 갈치 일대
의 지형을 살펴보면 재의 아래쪽에 요천의 지류가 흐르기는 하나 넓은
들이 보이지 않는다. 갈치 일대는 훗날 갈치면에 속했다. 1914년에
왕치면으로 편입되었고, 1956년에 또 다시 남원읍으로 편입되었다.

---

34 『용성지』 권1「坊名」: "東面: 葛峙十五里."
35 『용성지』 권2「樓亭」: "怡顔亭, 在葛峙坊, 處士韓正吾之亭."
36 「南道 정자기행 ‒‒ 남원 이안정(怡顔亭)」, 『한국매일신문』, 2016년 4월 8일 자.

8. 둔덕(屯德) 김복흥택(金復興宅)

둔덕마을은 현 남원과 임실 경계에 소재한다. 예전에 남원부 둔덕방(屯德坊)이었는데, 1906년에 임실군으로 편입되었다. 상급 행정지가 임실군 남면(南面) 또는 둔남면(屯南面)으로 여러 차례 바뀌었다가, 1992년에 오수면(獒樹面)으로 편입되었다. 둔덕마을은 전형적인 배산임수의 조건을 갖추었다. 마을 뒤쪽에는 지네형을 하고 있는 장성산(長城山)의 줄기가 뻗어있고, 앞쪽에는 오수천이 북에서 남으로 흐르고 있으며, 천의 양편으로 비옥한 들녘이 펼쳐져 있다. 백제시대부터 형성된 둔덕마을은 사람이 살기 좋은 곳이었다. 고려시대에 순천 김씨, 진주 하씨, 홍성 장씨, 남원 양씨, 삭령 최씨 등이 들어와 살았고, 조선 연산군 때 전주 이씨가 입주하여 크게 번창하였다. 1500년(연산군 6)경에 춘성정(春城正) 이담손(李聃孫)이 지은 것을 나중에 여러 차례 보수한 이웅재(李雄宰) 고가가 남아 있다.

1593년(선조 26) 7월에 명 제독부참군(提督府參軍) 여응종(呂應鍾)은 일본군이 진주성을 공략한다는 정보에 따라 한양에서 내려와 남원성 밖 40리 떨어진 둔덕으로 들어왔다. 여응종이 권율에게 이 산중에 머물만한 곳이 있느냐고 물으니, 권율이 글을 많이 읽은 김생의 집을 천거하였다. 김생은 여응종이 일전에 경상도 선산에서 만난 적이 있는 별좌(別坐) 김복흥(金復興)이었다. 김복흥은 유학에 뜻을 두었고, 시, 서, 육예에 통하였다. 이들은 만나자마자 흉금을 털어놓고 평생의 지기로 삼았다. 그러나 일을 다 마치고 헤어지게 되자, 그대는 조선 사람이고 나는 중원 사람이라 다시 만날 기약을 할 수 없다며 그저 눈물만

흘렸다. 그러다가 남원 둔덕에
서 재회의 기쁨을 누렸다. 저녁
에 김복흥이 술상을 차려놓고
여응종과 함께 수려한 주변 풍
광을 즐기면서 흉금을 터놓고
담론하였다. 이때 여응종은 김
복흥에게 시와 서문을 지어 주
었다.

서문 속의 김복흥의 집은 한

『(1872년)남원부지도』 중 둔덕

마디로 별천지였다. 단청한 누
대가 녹음 속에 보일락 말락 하고, 천 그루의 큰 교송과 만 갈래의
긴 대나무가 들어서있어 그윽하고 아담하였다. 그 가운데 조그마한
집이 있는데, 벽에 좌우명으로 여긴 '화평홍의(和平弘毅)'라는 글씨를
써놓았다. 이곳에 사는 주인은 참된 선비이다. 예법으로 몸을 다스리
며 음악으로 마음을 다스렸다. 때로는 가야금을 타고 때로는 통소를
부르며 스스로 즐기고 있었다. 그의 아들도 영기가 가득하고 강개가
뛰어나서 장차 나라의 원수를 갚을 청년이었다. 한번은 김복흥이 여응
종에게 묻기를 난리가 이 지경에 이르렀는데 언제 태평하게 되느냐고
물으니, 여응종은 말할 수 없는 한 가지 일이 있다며 천하가 장차 반드
시 크게 어지러울 것이라며 자신도 무이산(武夷山)으로 들어갈 것이라
고 말했다.[37] 무이산은 중국 복건성 북동쪽에 소재한 명산이다. 남송

---

37 『난중잡록』 계사년 7월 9일조 및 『용성지』 권10 「唐將呂應鍾贈金復興詩序」.

순희 연간에 주희(朱熹)가 이곳에 들어와 무의정사를 세우고 성리학을 연구했다. 조선 유학자들이 가장 가보고 싶은 성리학 요람지로 꼽았다. 오늘날 둔덕마을에서 명 참군 여응종이 찾았던 김복흥의 고거는 찾을 수 없다.

끝으로 남원에 남겨진 명장 유정의 사적을 약술해본다. 유정은 여러 차례 남원을 들렀다. 1593년(선조 26) 5월과 이듬해 3월에 두 차례 여원치(女院峙)를 지나가다가 각각 바위에다 이곳을 지나간다는 글자를 새겨놓았다. 1594년(선조 27)에 남원 인사들은 유정이 지역민에게 베풀어준 청덕을 기리는 「천장유도독정비(天將劉都督綎碑)」를 세웠다. 1598년(선조 31)에 용투산에 주둔하면서 경관이 뛰어난 용두정을 찾아보고, 또 그 아래에 소재한 조기 바위에서 낚시질했다. 1599년(선조 32) 정월에 명 남방위(藍芳威)가 창건한 관왕묘를 중수한 뒤 묘정에 「한수정후묘비(漢壽亭侯廟碑)」를 세웠다.

9. 결론

임진왜란시기 남원은 호남을 보장하는 전략적 요충지였다. 전란 초기부터 많은 명군들이 남원에 들어와 주둔하며 호남 지역을 방어하거나 영남과 남해안으로 오가는 중간 기착지로 활용하였다. 남원에 들어온 명군 인사들은 주변의 여러 곳을 돌아다니거나 조선 인사들과 만나면서 많은 흔적들을 남겼다. 남원 일대와 남원 관련 문헌에서 명군들이 남겼던 유적이나 기록들을 찾아볼 수 있다.

명군 인사들과 관련된 남원의 장소를 열거해보면 용성관, 사영루,

광한루, 영사정, 용두정, 조기, 용투산, 범곡 천사대, 저전산, 갈치 천사봉, 둔덕 김복흥택, 여원치, 관왕묘 등이 있다. 오늘날 이들 장소를 찾아보면 대다수는 유적 자체가 사라졌거나 명군의 흔적들을 찾아볼 수 없지만, 일부이지만 아직까지 옛 흔적을 그대로 찾아볼 수 있다. 명군들이 찾아본 광한루와 영사정은 여전히 옛 모습을 뽐내며 자리를 지키고 있다. 명 유정이 새긴 석각은 여원치에 그대로 남아 있고, 명군이 세운 관왕묘는 남원 시내로 옮겨 보존되어 있다.

명군 인사들이 남원에 남겼던 기록의 내용들을 분석해보면 크게 4가지로 나눌 수 있다. 첫째, 왕사를 수행하면서 느낀 소감이다. 송대빈이 광한루에서 지은 시, 심유경이 조기 바위에서 남긴 발문이 여기에 속한다. 송대빈은 왕사를 충실히 수행한 것에 대해 자부심을 펼쳤고, 반면 심유경은 자신의 계책이 더 이상 펼칠 수가 없게 되자 초초하고 불안한 심정을 토로했다. 둘째, 고향을 그리는 소감이다. 진운홍이 사영루에서 고향을 그리며 지은 시가 여기에 속한다. 이것은 이역타국에서 전쟁을 수행하고 있는 명군들이 공히 느끼는 심정이다. 셋째, 조선 인사들과 교유한 소감이다. 이종성이 은사 유인옥과 만나는 과정, 여응종이 김복흥과 만나 지은 서문이 여기에 속한다. 명 인사들이 조선 재야인사들과 만날 때는 조선 관인들과의 만남에서 볼 수 없는 애틋하고 묘한 느낌을 받았다. 넷째, 명군 인사들의 활동 기록 등이다. 범곡 천사대와 갈치 천사봉 고사가 여기에 속한다.

끝으로 집필자가 본 논고를 마감하면서 느꼈던 소감과 제안을 덧붙인다. 남원 사람들은 임진왜란으로 인하여 전란의 고통과 막심한 피해를 입었지만, 남원에 들어온 우방국 명군 인사과 어울려 함께 지내면서 국제적인 교류와 소통을 하는데 긍정적인 역할을 수행하였다. 오늘날 남원에는 명군들이 활동한 유적이나 기록이 많이 남아 있다. 우리는 명군의 유적이나 기록을 타국의 문화유산으로 치부하지 말고, 우리의 문화유산 속으로 집어넣고 이를 활용하는 자세와 지속적인 관심이 필요하다.　　　　　　　　　　　　　　　　　　　　　[燁爀之樂室]

남원 소재
명장 유정(劉綎) 유적과 작품 고찰

1. 서론

명장 유정(劉綎)은 강서 남창(南昌) 출신이다. 원래 공(龔)씨였으나 부친 유현(劉顯)이 서촉에서 활동할 때 유씨로 바꾸었다. 중국에서는 유현, 유정 부자를 걸출한 애국 맹장으로 꼽고 있다. 유정은 일찍부터 크고 작은 여러 전투에 나섰고, 특히 미얀마 전투와 파주(播州) 전투에서 혁혁한 전공을 세웠다. 후금을 공략한 사르후(薩爾滸) 전투에 나섰다가 아부달리 지역에서 전사했다. 남창에 유정을 기리는 표충사(表忠寺; 劉將軍廟)가 세워져 있었는데, 문화대혁명 때 훼멸되었다.

유정은 조선과 인연이 많다. 임진왜란 때 두 차례 조선으로 들어왔다. 한 번은 부총병으로 영남과 호남을 지켰고, 또 한 번은 제독으로 서로군(西路軍)을 총괄하였다. 유정은 전란으로 고통에 빠진 조선 난민들을 잘 보살펴주었고, 또한 이들 일부를 모아 본국으로 데려가 자기 휘하에 조선군으로 편성하였다. 또 사르후 전투(조선에서는 심하 전투) 때 도원수 강홍립(姜弘立)의 조선군을 자신이 거느린 우익남로군으로 편성하여 요동 내륙으로 진격하다가 아부달리 지역에서 패전 당하고, 끝내 그 자신도 전사했다.

유정은 임진왜란 기간에 남원을 여러 차례 들렀다. 전란 초기에 남원을 거쳐 영남으로 들어갔고, 강화회담 때 영남에서 남원으로 들어와 한동안 주둔하였다. 정유재란 때 순천왜교성을 공략하기 위해 남원을 전진기지로 삼았다. 남원 문헌에 유정 관련 기록과 후대 작품이 많이 수록되어 있고, 오늘날에도 남원 일대에서 유정의 유적들을 일부 찾아볼 수 있다. 남원 소재 유정 유적과 작품은 임진왜란을 연구하는데 소중한 사료이다. 그럼에도 불구하고 국내외 학계에서는 아직까지 여기에 관한 연구가 이루어지지 않았다. 이번에 남원 소재 유정 유적들을 찾아보고, 또한 유정 관련 기록들을 모아 체계적으로 분석해본다. 현지답사는 2016년 이래 수차례 이루어졌다. 남원 소재 다른 명군의 유적에 관한 내용은 기존에 발표한 논고가 있으니 참조하기 바란다.[1]

2. 여원치(女院峙) 유정각석(劉綎刻石)

여원치(女院峙)는 남원시 운봉읍(雲峯邑) 준향리(準香里)와 이백면(二白面) 양가리(陽街里) 사이에 소재한 고갯길이다. 오늘날 국도 24번을 통해 남원과 운봉을 오가지만, 옛날에는 국도 남쪽에 나와 있는 옛 고갯길을 걸어서 오갔다. 1597년(선조 30)에 이순신이 백의종군하면서

---

1 朴現圭,「임란왜란시기 南原 소재 명군 유적과 작품 고찰」,『中國語文學』78집, 嶺南中國語文學會, 2020.8, 71~92쪽.

여원치 옛길을 지나갔는데, 최근 남원시가 이백면 양가제에서 여원치 고갯마루까지 이르는 옛길 3km를 이순신 백의종군로로 꾸며 곳곳에 안내 팻말을 세워놓았다.

여원치 옛길에는 바위가 듬성듬성 펼쳐져 있는데, 바로 이곳에 명 유정이 새긴 각석이 보인다. 유정 각석은 총 2곳이다. 첫 번째 각석은 여원치 고갯마루 기준으로 서쪽으로 1km 정도 떨어진 바위에 있다. 고구마 형상을 한 바위의 한 면을 깎아서 대자로 새겼다. 첫 번째 각석에서:

萬曆癸巳歲仲夏月, 征倭都督洪都省吾劉綎過此.
만력 계사년 중하(5월)에 정왜도독(征倭都督) 홍도(洪都) 성오(省吾) 유정(劉綎)이 이곳을 지나다.

만력 계사년은 1593년(만력 21)에 해당된다. 홍도(洪都)는 현 강서 남창이며, 유정의 고향이다. 성오(省吾)는 유정의 자이다. 1593년(선조 26) 3월에 유정은 흠차통령천귀한토관병참장(欽差統領川貴漢土官兵參將)으로 보병 5천을 거느리고 조선으로 들어왔다.[2] 얼마 뒤에 정왜부총병(征倭副摠兵)으로 승진하였다. 5월에 경략(經略) 송응창(宋應昌)은 일본군이 전라도로 침범하는 것을 방어할 목적으로 유정의 군사를 대구 일대

---

2 『상촌집』 권57 「天朝詔使將臣先後去來姓名, 記自壬辰至庚子」: "劉綎, 字子紳, 號省吾, 江西南昌府洪都縣人. 癸巳二月, 以欽差統領川貴漢土官兵參將領步兵五千出來." 여기에서 유정이 보병 5천 명을 거느리고 계사년(1593) 2월에 들어왔다고 했는데, 『선조실록』 26년 3월 25일(경진)조에 유정이 오늘 내일 도강한다는 보고 기록에 따라 동년 3월로 수정했음.

에 주둔시켰다.[3] 곧이어 대구로 들어간 유정의 군사는 다시 명을 받아 성주 팔거(八莒: 현 대구 소속)로 옮겼다. 전날 경락 송응창 등이 본국으로 돌아가자, 유정은 단기로 한양으로 올라갔다가 내려오면서 남원을 거쳐 성주 팔거로 돌아갔다. 이때 남원과 운봉의 경계에 소재한 여원치를 지나가다 길가의 바위에다 자신의 흔적을 새겨놓았다.[4]

유정 각석은 후대 인사들이 여러 차례 다시 고쳐 새겼다. 유정 각석의 왼편에 작은 글씨로 "호남병마절도사이달(湖南兵馬節度使李鐽), 숭정후삼갑신개각(崇禎後三甲申改刻)"이라고 새겨놓았다. 이달(李鐽)은 무과에 급제하여 호남병마절도사를 지냈다. 1764년(영조 40)에 여원치를 지나다가 바위에 새긴 유정의 필치를 보고 감읍해서 고쳐 새겼다. 또 유정 각석 아래에 "절도사공증손현직(節度使公曾孫顯稷), 팔십오년후무신개각(八十五年後戊申改刻)"과 "절도사공현손전승지학영(節度使公玄孫前承旨鶴榮), 통영근행첨배(統營覲行瞻拜), 무신후이십일년개각(戊申後二十一年改刻)"이라고 새겨놓았다. 1848년(헌종 14)에 이달의 증손 이현직(李顯稷)이 다시 고쳐 새겼고, 또 1869년(고종 6)에 현손 이학영(李鶴榮)이 또 다시 고쳐 새겼다. 이밖에 바위 오른편에 1849년(헌종 15) 3월에 새긴 "청백리현감이공윤우불망비(淸白吏縣監李公胤愚不忘碑)"가 더 있다.

---

3 『선조실록』 26년 5월 28일(신사)조.

4 『亂中雜錄』 계사년 8월 22일조: "宋應昌李如松領兵馬還遼東. ⋯⋯ 劉綎自大丘移陣星州八莒, 前以單騎赴京, 送宋應昌等還朝, 還下湖南. 由南原歸八莒, 過女院峙, 雲峯南原地界, 磨路上層崖刻云: 天朝征倭都督像章省吾劉公綎, 某月日過此."; 『龍城誌』 권4 「劉將軍石刻」: "在女院峙雲峯界, 天將劉綎自南原歸星州陣, 磨路上層崖刻曰: 萬曆癸巳, 征倭都督洪都省吾劉綎過此."

유정의 첫 번째 각석바위에서 동쪽으로 3백 m 정도 올라가면 주먹
형상을 한 유정의 두 번째 각석바위가 나온다. 두 번째 각석에서:

萬曆二十二年甲午歲季春月, 征倭都督豫章省吾劉綎復過.
만력 갑오 22년 계춘(3월)에 정왜도독(征倭都督) 예장(豫章) 성오
(省吾) 유정(劉綎)이 다시 지나가다.

만력 갑오년은 1594년(만력 22)에 해당된다. 예장(豫章)은 남창 일대
를 지칭하는 옛 지명이다. 1594년(선조 27)에 명일 양국 사이에 강화회
담이 본격적으로 진행되었다. 그 결과에 따라 명군의 본진은 본국으로
철수하고, 혹 일본군이 침공할까봐 일부 군사를 조선에 남겨두었다.
이때 조선 조정의 요청으로 잔류한 명군은 유정, 오유충(吳惟忠), 낙상
지(駱尙志)의 군사들이다.[5] 3월에 유정의 군사는 전라도 방어를 위해
주둔지를 성주 팔거에서 남원으로 옮겼다.[6]

유정 각석은 후대에 들어와 여러 차례 다시 고쳐 새겼다. 유정 각석
의 왼편에 "만력후사주계축중추월(萬曆後四周癸丑仲秋月), 호남좌영장
이민수개각(湖南左營將李民秀改刻)"이라고 새겨놓았다. 1793년(정조 17)
8월에 호남좌영장 이민수(李民秀)가 유정 각석을 고쳐 새겼다. 또 오른
편에 "만력후오주기유년추월(萬曆後五周己酉秊秋月), 호남좌영장홍영석
재각(湖南左營將洪永錫再刻)"이라고 새겨놓았다. 1849년(헌종 15) 9월에
호남좌영장 홍영석(洪永錫)이 다시 고쳐 새겼다.

---

5 『선조실록』 26년 6월 5일(무자), 7일(경인), 12월 22일(신미) 등조.
6 『난중잡록』 갑오년 3월 3일조.

女院峙 劉綎刻石(2차)

유정 각석은 일찍이 조선 문인들로부터 유정의 진적이라며 높이 평가받았다. 병자호란 때 청군의 침략으로 남한산성이 함락 위기에 빠지자 남원 의병을 이끌고 구원에 나선 최휘지(崔徽之)가 있다. 최휘지는 여원치를 지나치다 유정 석각에서 장수 유정이 내뿜는 기세를 느꼈다. 중국장수 유정이 동정에 나서 오랑캐를 무찌른데 불세출의 공을 새겼고, 바위에다 새긴 각석이 천년이 흘러가도 조선의 초목이 그 위풍을 알 수 있다고 적어놓았다.[7] 이 기록은 마치 병자호란으로 남한산성 지원에 나선 최휘지의 구국 심정을 엿보는 듯하다.

---

7 『용성지』권4「劉將軍石刻」崔徽之詩: "漢家天將出東征, 破虜曾留不世功, 嶺石鐫名千載仰, 靑丘草木識威風."

또 영조 연간 포천 문인 이인상(李麟祥)이 있다. 어느 해 초가을 날에 여은치(如恩峙; 女院峙의 오기)를 지나가다 유정의 두 번째 석각을 보고 감분하여 오언시를 남겼다. 유도독(劉都督; 유정)이 오랑캐 정벌에 나서라는 조서를 받들고 창려문을 떠나 만 리나 되는 운봉을 지나갔다. 갑옷 입은 전마가 혈한(血汗)을 뿌리고 녹색 창에 장기(瘴氣)가 번쩍이며 금북을 치며 천천히 지나간 모습을 되돌아보니 눈과 서리가 일어났다. 공이 호남과 영남을 지키겠다는 만력(萬曆)의 사적, 즉 임진왜란을 영원히 기술하기 위해 바위를 깎아 대자로 새겨놓았다. 빈산에 남겨진 이 돌에서 구름과 기가 뿜어나오니 행인은 눈물을 흘리며 슬퍼한다.[8] 이인상은 유정 각석을 통해 유정의 늠름한 기상을 느꼈다.

또 정조 때 영의정까지 올랐던 명재상 채제공(蔡濟恭)이 있다. 이보다 앞서 1746년(영조 22) 경에 여원치를 지나가다 각자를 알아보기 힘든 유정 각석을 보고 장문의 시편을 남겼다. 즉, 남원과 운봉의 경계에 있는 연치현(燕峙峴)에 세운 두 개의 유정 석각을 보았다. 유정은 만력제(萬曆帝)의 성지를 받들어 교활한 왜적들을 소탕하는 전공을 세워 그 명성이 외국에까지 드날렸다. 우리 동방인은 명나라를 사랑하는 마음으로 유정을 사랑하고, 또 유정을 사랑하는 마음으로 유정의 마음이 담겨있는 글씨를 사랑해야 한다. 민초들이 주 소공(召公)이 베푼 은덕에 보답코자 유적을 보호하고, 은혜를 베푼 진 양호(羊祜)의 타루

---

8 『凌壺集』 권1「過雲峰如恩峙, 路傍石上刻萬曆癸巳歲仲夏月, 征倭都督劉綎過此感而有賦」: "荒荒衆山交, 赤暉點生凉, 亂潨濺征鑣, 陰風裂客裳, 古道日崩圻, 戰壘雲漭洋, 維昔劉都督, 奉詔征蠻方, 五月度雲峰, 萬里辭吳閶, 血汗灑甲馬, 瘴氣鑠綠槍, 緩驅執金鼓, 顧眄生雪霜, 渾渾三丈石, 當塗襲容光, 公命磨其顚, 大字刻琅璫, 永紀萬曆事, 鎭此二南彊, 新秋草樹繁, 前夜風雨狂, 玆石在空山, 猶噓雲氣長, 墮盡行人淚, 哀此如恩岡."

비처럼 오랫동안 전해야 하는데, 지금 유정의 각필이 비바람에 깎이고 먼지와 이끼에 침식되어 거의 알아보기 힘든 지경이 되었다. 사전에 각석 존재 소식을 들은 자신이 희미한 글자를 손으로 더듬어 가며 겨우 글자를 알아보았는데, 그렇지 않는 사람이 앞을 지나가더라도 알지 못한 지경에 이르러 세상에 드러나지 못한 것을 개탄스럽다. 이에 장문을 지어 연치재의 유정 고사를 읊었다.[9]

연치현(燕峙峴)은 여원치의 옛 이름이다. 앞서 언급했듯이 유정의 첫 번째 각석은 1764년(영조 40), 두 번째 각석은 1793년(정조 17)에 각각 개각되었다. 개각 이전의 유정 각석은 오랜 세월을 거치면서 노지에 노출된 관계로 많이 마멸되었다. 채제공은 조선을 도와준 유정의 각석을 소중하게 보살펴야 하는데, 비면이 마멸되어 유정의 의기가 사라져 가는 안타까움을 토로하였다.

또 정조 연간에 문신으로 활약한 윤행임(尹行恁)이 있다. 어느 날 여원치를 지나가다 유정석각을 보고 감읍하여 장문을 남겼다. 시작부에서 부여의 옛 땅에 당나라 유인원(劉仁願)이 세운 비석과 불내성(不耐城)에 위나라 관구검(毌丘儉)이 세운 비석이 있다는 사실부터 거론했

---

9 『樊巖先生集』 권4 「燕峙峴, 介南原雲峯之界, 而有二大石, 立峴之路傍. 其石面有天將劉都督綎親書萬曆某月日都督劉綎提兵過此等數十字, 蓋二年凡再過而皆刻石以記之也. 竊念萬曆於我東有昊天罔極之恩, 維時若劉都督者, 實聖旨是承, 躬掃凶狡, 迅若風飆, 奏凱天朝, 揚名外國. 其智勇, 豈不誠卓犖矣乎? 夫東人之於天朝 廝養之卒, 猶當敬以禮之, 況推轂而出者乎? 況推轂而出而卓犖如劉都督者乎? 以愛天朝之心, 推以愛劉公; 以愛劉公之心, 推以愛劉公之心畫, 誠宜若南國之護甘棠, 峴首之傳墮淚者. 而今乃使顏筋柳骨之餘, 風勒雨淋, 埃蘚交蝕, 幾乎黮昧矣. 惟人之先有以聞是峴之有是石者, 摩挲彷像, 諦推字畫, 乃能得其某字之爲某字. 不然者雖當面過之, 蓋無覩也. 斯不亦可惜哉. 噫, 世之好古而好義者, 固若是罕耶? 何是石之湮沒無章至於此也. 慨然賦長句, 以備燕峙峴故事」.

다. 하지만 유인원 비석과 불내성 비석은 비석의 저자가 자신의 전공을 뽐내고자 스스로 세운 것이다. 두 지역의 유민, 즉 백제와 고구려 유민은 이 비석을 침략의 상징물로 여기고 다투어 없애버리고 싶었다. 반면 유정은 왕사를 거느리고 섬 오랑캐(일본)를 없애고, 위난에 빠진 조선을 편안하게 해주었다. 창과 방패로 조선을 자리 잡게 해주고; 산림초목으로 종실과 민가를 온전하게 해주며; 부녀자들에게 먹고 입게 해준 것은 모두 유정의 공이었다. 유정이 붓으로 이름을 쓰고 새긴 바위는 조선에 미관(美觀)으로 남았다. 유인원과 위나라 사람(관구검)이 정벌을 뽐내다가 오히려 두 국가에 원망을 쌓았지만, 유정의 정벌은 원망이 아니고 은혜를 베풀어주었다.[10]

　여기에서 윤행임은 유정이 조선 국가와 민초들에게 베푼 공덕에 대해 높이 평가하였고, 반면 부여 땅의 당 유인원 비석과 불내성의 위 관구검의 비석에 대해 우리나라를 저해한 침략의 상징물이라며 맹렬하게 비난했다. 부여 땅의 유인원 비석은 당나라 장수 유인원이 백제 부흥운동을 진압한 사실을 담아 새긴 「당유인원기공비(唐劉仁願紀功碑)」를 지칭한다. 현재 부여박물관으로 옮겨 보존되어 있다. 불내성의

---

10 『碩齋稿』권12 「劉都督題名記」: "提兵出塞外, 伐石而鑱之者, 所以夸其伐也. 故夫餘氏墟, 而劉仁願之碑立焉; 不耐之城, 魏人刊之, 至今驚殊俗而耀絶域, 顧其伐非不偉然盛也. 然彼二國遺民, 尙有謳歌慷慨者, 裂目竪髮, 爭欲踣碑而墮城, 其勢亦不得不然也. 若劉都督者, 仗王師慴島蠻, 以解朝鮮之急, 朝鮮危而獲安, 故都督重於朝鮮, 莫不日干戈而衽席者都督也; 山林草莽而室家之者都督也; 同我婦子, 飧飯而衣裳者都督也. 雖旗旄之所臨, 咳唾之所被, 猶且指點愛慕不能已, 況以都督之筆, 書其名而鑱之石, 留爲朝鮮之美觀, 其瞻望愾念, 如復見都督者, 又何如哉. 彼劉仁願, 魏人之欲夸其伐, 而反樹怨於二國, 眞所謂其輕若此, 其重如彼也. 於是乎都督之伐, 直萬唐魏, 而其不樹怨而樹恩者, 惟都督一人焉爾. 石在南原府路左, 縱刻二十有二字, 橫刻減其二, 歲在萬曆癸巳甲午也. 公名綎, 豫章人, 後戰死深河."

관구검 비석은 위나라 장수 관구검이 고구려를 침공한 사실을 담아 새긴 「관구검기공비(毌丘儉紀功碑)」를 지칭한다. 1906년에 집안 반차령(板岔嶺)에서 잔석이 발견되어 현재 요녕성박물관에 소장되어 있다.

3. 당장유정비(唐將劉綎碑)

임진왜란 때 의병을 일으킨 정염(丁焰)이 있다. 정염은 양사형(楊士衡), 변사정(邊士貞) 등과 더불어 군사를 모으고 군기와 군량을 마련하여 명군을 도와 호남을 지켜나갔다. 1594년(선조 27)에 명 유정이 경상도에서 군사를 거느리고 남원으로 들어오자, 정염은 유정에게 남원지역의 요충지와 군사사항을 알려주어 그가 방어책을 세우는데 도움을 주었다. 이때 정염은 남원부사 조의(趙誼)의 요청에 따라 유정의 청덕을 기리는 비문, 즉 「천장유도독비문병명(天將劉都督綎碑文并銘)」을 지었다. 비석은 부성 객관 앞에 세웠다.[11] 아래에 정염의 문집인 『만헌선생문집(晚軒先生文集)』 권3에 수록된 「천장유도독비문병명」 전문을 들어본다.

　　萬曆歲壬辰, 倭奴入我, 帝命諸將征之, 大軍旣至, 示威箕城, 遂緩兵開曉, 令自引去, 三都以次而復, 賊旣去, 留屯海岸, 屢請款附. 乃用廷議, 選留一人可鎭服者完之. 督府劉公, 實膺是寄, 久在嶺南, 爲賊所畏服, 至是移鎭于此, 飭漢軍, 無攘奪道路, 無侵擾里居, 且賑流民、節調

---

11 『용성지』 권4 「唐將劉綎碑」: "在城內客館前."

糧, 捐橐金, 究聖澤於萬里之外, 仁人之利博哉.

皇明威德, 加于四海, 爲將者不以善戰爲功. 此其所以不血刃奠我東邱, 若大造無跡, 誰得以形容之. 邦人相率, 而告于太守, 曰: 吾人之無畏而忘警, 安居而樂業者, 伊誰之力. 請鑱頑, 姑誌其一二. 太守可之, 而與其費, 遂撮其梗槩而爲之文.

銘曰: 倭奴侵我, 帝命討之, 實紆軫念, 申爾來斯, 驅逐海徼, 亦莫敢違, 不可究武, 乃命旋師, 留此虎臣, 在山之威, 固勇且智, 仁焉是依, 溫其在邑, 內外一視, 居者安堵, 流者緩死, 以此司命, 焉往不利, 寇去誰力, 寇來誰恃, 天子明聖, 借我崇墉, 公歸勿亟, 惟惠之終.

만력 임진년(1592)에 왜노(倭奴)들이 우리나라로 침입해오니 황제가 여러 장수들에게 정벌에 나서게 명하였다. 대군이 이르자 기성(箕城; 평양)에서 위력을 보이고는 마침내 공격을 늦추고 타일러서 스스로 물러가게 했다. 삼도(三都)를 차례로 수복하니 적들이 물러가 해안에 진을 치며 여러 차례 복죄하기를 간청하였다. 이에 조정이 의논하여 진압하고 복종할 수 있는 한 사람을 뽑아 남겨 완결시키도록 했다.

도독부 유공(劉公: 유정)이 실로 이 소임을 맡았다. 오랫동안 영남에 있으면서 적들이 두려워 복종하는 바가 되었다. 이곳에 진을 옮기고는 명군에게 신칙하여 도로에서 약탈하지 말고 마을에 침노하여 소요를 일으키지 않도록 하였다. 또한 유민들을 구휼하고 군량을 절약하며 탁금(橐金)을 덜어내어 만 리 바깥에서 성상의 은택을 이르게 하니 어진 사람의 넓은 이로움인가?

황명(皇明)의 위덕이 사해에 입게 되어 장수된 자가 싸움을 잘하지 않고도 공을 세웠도다. 이는 혈도(血刀)를 사용하지 아니하고 우리 동방을 받드는 바가 마치 큰 조화가 자취가 없는 것과 같아 누가 그것을 형용할 수 있으리오. 나라 사람들이 서로 이끌고 태수에게 고하며 말하기를 "우리 사람들이 두렵지 않고 경보(警報)를 잊고, 편안하게 거주하며 업을 즐기는 것은 누구의 힘이랍니까? 청컨대 돌에다 새겨 그 하나 둘이라도 기술하도록 하소서." 태수가 좋다며 그 비용을 주었다. 마침내 그 개요를 모아 글을 지었다.

명에 말하기를
왜노들이 우리를 침범하니 황제가 토벌토록 명하였네
실로 깊이 헤아려주어 여기에 오셨도다
바다로 쫓아내니 또한 감히 어지지 못하네
무력이 불가하다며 군사를 돌리도록 명하고
이곳에 호신(虎臣)을 남기니 산의 위엄이오
진실로 용명하고 지혜로우며 어짐이로다
온정이 읍에 남아 내외를 하나같이 보셨고
사는 자가 편안하고 유민이 죽음을 늦추었네
이로써 생명을 좌우하며 어디로 간들 불리하리오
적의 퇴각이 누구 힘이고 적이 와도 누구 믿으리오
천자의 성명을 우리가 높은 담벽을 빌린 것이니
공이 귀환을 빨리 하지 말고 은혜를 끝까지 베푸소서.

이 명문은『용성지』권10「기문(記文)」과『난중잡록』갑오년 7월 27일조에도 수록되어 있다. 정염은 의병장의 일원으로 자주 유정의 진영을 드나들며 지근거리에서 그의 인물됨을 소상히 살펴볼 수 있었다. 유정은 일본군의 침공을 방어하는 군사작전 외에 전란으로 도탄에 빠진 지역민들이 온전하게 살아갈 수 있도록 구휼을 적극적으로 펼쳤다. 소속 군사에게 엄한 훈령을 내려 지역민들에게 폐해를 끼치는 행위를 엄격하게 단속하였고, 또 군사가 가지고 있는 군량의 여유분과 전대의 금전을 풀어 유민들을 진휼하여 살아갈 수 있게 해주었다.

조선 조정 대신들은 유정의 전투의지와 인물됨에 대해 잘 알고 있었다. 윤근수는 압록강의 문턱인 의주에서 유정을 만나보고 유정의 사람됨이 아담하고 조금도 남의 것을 범하지 않는다고 평했다.[12] 또 이항복은 유정을 만나보고 그의 언사와 기질이 강개하였으며 일본군의 속셈이 간사하여 강화하기가 어렵다며 전투 의지를 표방했다고 했다.[13] 1594년(선조 27)에 명일 강화회담으로 명 본진이 철수할 때 조선 조정은 일본군의 침공을 방비할 최소한의 명군을 남겨달라고 요청했는데, 이때 잔류 장수로 특별히 유정을 꼽았다.

유정은 조선 민초들을 잘 보살폈다. 이탁영은 명군들이 도처를 돌아다니며 함부로 날뛰며 거리낌이 없고 물건을 보면 빼앗아 갔는데, 오로지 유정만 청렴하고 근엄하여 물건을 주어도 사양하고 물건을 보아도 빼앗아가지 않아 모든 사람이 흠모한다고 했다.[14] 또 신흠은 팔거에 주둔한 유정이 매우 검약한 생활을 하여 전란과 기근으로 굶주리고 있는 민초들에게 군중에 남아도는 미곡을 팔아서 살 수 있도록 해주었다고 했다.[15]

상기 정염의 「천장유도독비문병명」에서도 유정이 남원 민초들을 잘 보살펴주었다는 대목이 보인다. 남원에 진을 친 유정은 소속 군사

---

12 『선조실록』 26년 4월 4일(무자)조.

13 『선조실록』 26년 4월 10일(갑오), 12일(병신)조.

14 『征蠻錄』 계사년 하5월 21일조: "劉總兵浙江砲手五千, 時住尙州. …… 而但悶天兵, 小邦來住恣行無忌, 見物筆奪 而唯劉摠兵挺(綎의 오류)一軍上下,則贈物必讓, 見物不奪, 其爲淸謹, 傑出於諸軍人, 皆欽慕."

15 『상촌집』 권57 「天朝詔使將臣先後去來姓名, 記自壬辰至庚子」: "(유정)自奉甚約, 時經大兵, 年饑民散, 綎設法, 令軍中有餘米者, 悉貿賣於我民, 以資其食, 民賴以活."

들에게 거리에서 약탈이나 민가에 침노하는 것을 엄금하는 군령을 내렸고, 또한 군중에서 절약한 군량과 금전을 내어 전란으로 떠돌아다니는 난민들을 구휼해주었다. 이에 남원 민초들은 유정의 구휼에 감읍하여 청덕비를 세워주었다.

반면 명군 가운데 부정적인 장수도 꽤나 있었다. 당시 조선 민초들 사이에 우방국 명군의 횡포가 오히려 침략군 일본군보다 더 심하여 왜군은 얼레빗 같고, 명군은 참빗 같다며 말이 명 사신 사헌(司憲)의 귀에까지 전해질 정도로 널리 유포되었다.[16] 조선 민초들은 우방국인 명군이 들어오면 오히려 명군을 피해 멀리 도망치는 일들이 종종 있었는데, 남원에서도 이러한 일이 발생하였다.

남원 출신 조경남(趙慶男)의 『난중잡록(亂中雜錄)』에 명장 유정보다 앞서 남원에 주둔한 명장 낙상지·송대빈(宋大斌)이 일으킨 민폐에 대한 기록이 수록되어 있다. 송대빈은 소속 군사들을 단속하지 않고 관아를 마구 침노하는 폐단을 일으켰다. 정염이 「천장유도독비문병명」을 작성한 초고에는 낙상지와 송대빈이 남원을 지켰다는 대목이 들어가 있었는데, 남원부사 조의가 두 장수의 행실이 바르지 못하다는 지적에 따라 이 부분을 삭제했다고 한다. 송대빈은 마땅히 비난받아야 하지만, 낙상지는 억울하다.[17]

여기에서 명장 송대빈이 남원에서 일으킨 폐해를 언급했다. 다만

---

16 『西厓集』 권16 「記癸巳冬司天使事」: "司又書曰: 吾聞朝鮮人言倭賊梳子, 天兵篦子, 信乎?"

17 『亂中雜錄』 갑오년 7월 27일조: "文中初有駱·宋二將留守帶方等語, 而大斌在府不戢軍卒, 侵擾衙府, 故府使趙誼, 令勿錄二將之功. 宋雖然矣, 駱則冤矣."

명장 낙상지는 조경남의 지적처럼 억울한 측면이 있다. 1593년(선조 26)에 낙상지는 남원부성을 보수했다.[18] 이때 남원 사람들을 동원시켜 보수 공역에 나섰는데, 이로 인해 지역 사람들로부터 노역에 나서게 되었다는 비난을 받게 되었다. 임진왜란 때 조선 조정과 군부는 크고 작은 성을 대대적으로 신축 또는 보수하였는데, 이때마다 해당 지역 사람들을 동원시켰다. 낙상지도 진주성을 함락한 일본군이 남원으로 침공해오는 것을 방비하기 위해 남원부성을 보수했다. 성곽 보수는 어쩌면 전투에 나선 장수가 자신의 전투방어력을 높이기 위해 마땅히 해야 할 임무 중의 하나이다. 나중에 일어났던 일이지만 1597년(선조 30)에 명 양원(楊元)은 남원부성을 지키기 위해 많은 사람들을 동원시켜 대대적으로 개축 공역에 나섰고, 또 얼마가지 않아 그동안 개축한 부성이 대규모 일본군의 침공에 의해 함락되는 운명을 맞이했다. 그리고 낙상지는 전투에서 용맹한 장수이다. 평양성 탈환 때 앞장서서 나서다가 부상을 입었어도 계속 싸워 큰 전공을 세웠다. 또 명군 잔류 때 낙상지는 유정과 함께 조선 조정이 잔류를 요청했던 장수이다.

4. 용투산(龍鬪山), 용두정(龍頭亭), 조기(釣磯)

용투산(勇鬪山)은 남원 송동면(松洞面) 흑송리(黑松里)에 위치한다. 1598년(선조 31) 가을에 유정은 서로군의 수장이 되어 소서행장(小西行長)의 순천왜교성을 공략하기 위해 군사를 거느리고 다시 한 번 남원부

---

18 『선조실록』 30년 5월 25일(을묘)조 정기원 서장.

에 들어왔다.[19] 당시 남원부성은 지난 남원성 전투로 훼손 정도가 심하여 군사들이 주둔하기가 힘들었다. 유정은 군사 요충지를 살펴볼 작정으로 남원 주변을 돌아다녔다. 남원부성의 서북쪽에 소재한 교룡산성을 찾아보고 군사 요충지의 장단점을 파악했다. 성이 크나 시설이 해어졌다. 산맥에서 나오는 우물은 장차 크게 쓸 데가 있다고 했다.[20]

　교룡산성은 백제 시대에 처음 쌓았고, 1593년(선조 26)에 승병장 처영(處英)이 수축했다. 1597년(선조 30)이 남원 방어에 나선 명 양원은 남원부성이 견고하다며 수성의 방어지로 삼고 기각지세의 요충지 교룡산성을 훼손시켰다. 곧이어 전개된 남원성 전투에서 양원이 패전하고 성이 함락되었다. 후대 사람들은 양원이 남원부성과 교룡산성을 기각지세로 삼지 않았던 것을 패전 원인 중의 하나라고 양원의 잘못된 결정에 대해 한탄하였다.[21]

　유정은 남원부성에서 훨씬 남쪽에 소재한 용투산을 주둔지로 삼았다. 용투산은 장차 순천왜교성 공략을 하는데 전술적으로 여러 이점이 있었다. 용투산에는 삼국시대에 토석을 혼합해서 쌓은 흑송리산성이 남아 있어 약간만 보수하면 방어용으로 활용할 수 있다. 용투산은 곡성을 거쳐 순천 지역으로 이어지는 육상 교통이 형성되었고, 또 산 아래에 섬진강의 지류인 요천이 흐르고 있어 수로 교통을 활용할 수

---

19 陳景文 『曳橋進兵日錄』: "戊戌九月, 提督劉綎率大軍下, 屯南原谷城之間."

20 『용성지』권2 「蛟龍山城」: "劉都督嘗登此城, 逐脉穿井, 往往得水. 劉言城大而圮, 用功必大云."

21 『용성지』권2 「蛟龍山城」 자주: "謹按丁酉之亂, 若守此城, 南民可免魚肉, 而唐將楊元以爲我以馬軍據險何用, 遂移守平地城, 而竟見陷. 至今國人之所共痛恨者也."

었다. 이에 따라 유정은 용투산에 군사적 방어력을 높이고자 산성 보수와 함께 망을 보는 단을 쌓았다.[22]

용투산에 주둔한 유정은 건너편 지당(池塘) 마을의 주산 용두산(龍頭山)에 소재한 용두정(龍頭亭)을 찾아보고 이곳의 뛰어난 경관에 매료되었다. 유정은 중국에서 널리 알려진 승경지 소주(蘇州)와 항주(杭州)가 남원 용두정의 경관보다 못하다며 극찬했다.[23] 지당 마을은 연꽃이 만발한 지형에 따라 연못을 파놓은 데에서 나왔고, 용두산은 마을의 주산인 청룡의 머리 모습을 하는 형세에서 이름을 따왔다.

선조 초에 방응청(房應淸)은 용두산의 솟은 바위 위에 정자, 즉 용두정을 세웠다. 용두정에서 굽어보면 아래에 요천의 지류인 옥률천이 유유히 흐르고, 또 우러러보면 저 멀리 우뚝 솟은 지리산이 푸름을 간직하며 펼쳐져 있었다. 1872년(고종 9)에 작성된 『남원부지도(南原府地圖)』에 용투산과 용두정이 보인다. 아쉽게도 이후에 용두정은 훼멸되었다.

인조 연간에 양진핵(梁振翮)은 명장 유정이 낚시질했다고 전해오는 조기(釣磯)를 찾아보고 예전에 임진왜란 사적에 대해 감분해서 오언시를 남겼다. 시의 첫 부분에 산이 용두산의 형세를 품고, 강이 조기를 둘러싼 모습을 그렸다. 이어서 예전에 동쪽 지역의 병화, 즉 조선에 임진왜란이 일어나자 황제가 위엄을 보여 장수를 보내어 일본군의 침략으로 비린내 나는 안개를 가을 서리처럼 씻어내어 이 땅에 다시 서광

---

22 『용성지』 권2 「龍鬪山」: "在黑城坊. 丁酉倭亂時, 唐將劉綎留陣于此, 設壇遺址, 至今宛然."

23 『용성지』 권2 「龍頭亭」: "唐將劉綎登臨曰: 蘇杭之勝, 無過於此."

을 비추게 해주었다. 대방(帶方; 남원)은 영웅이 나는 곳이고, 풍악(楓岳; 지리산)은 쌍룡이 깃든 곳이다. 용두산 푸르른 절벽 아래에 신선의 붓끝으로 그린 조기가 있다. 마지막에 들어가서 천자가 조선을 구휼한 의리에 대해 감읍해서 멀리 변방 밖에서 눈물을 흘렸다.[24]

여기에서 시인 양진핵이 명장 유정과 얽힌 조기 사적을 바라보는 마음이 남다른 모습을 찾아볼 수 있다. 양진핵의 선대 인물들은 임진왜란 때 모두 의병장으로 활약했다. 조부 양대박(梁大樸)은 창의하여 많은 사람들을 모아 여러 전투에 나섰다가 진산(珍山; 금산)에서 병사했고, 부친 양경우(梁慶遇), 숙부 양형우(梁亨遇)가 부친을 따라나서 일본군을 물리치는 많은 전공을 세웠다. 오늘날 남원시 주생면 상동리에는 정조로부터 '부자충의지문(父子忠義之門)'의 현판을 받은 정려각이 남아있다.

이밖에 용투산 아래에 종침연(鍾沈淵)이 있다. 못의 이름은 명 장수가 이곳에 주둔할 때 종을 못에 빠뜨렸던 데에서 나왔다고 전해온다.[25] 명 장수는 아마도 용투산에 주둔하거나 용두산 아래 조기에서 낚시질을 한 제독 유정이나 유격 심유경(沈惟敬)일 것으로 추정된다. 종침연이 현재 정확히 어디인지를 알 수가 없으나, 요천과 옥률천이 맞닿은 곳에 소재한 중동못을 주목할 필요가 있다. 이곳은 용투산 아래에 소재하고, 유정과 심유경의 활동상으로 보아 이곳을 지나갔을

---

24 梁振翮「劉綎釣磯」: "山擁龍頭勢, 江圍釣叟磯, 東楄昔兵羨, 北闕振天威, 腥霧秋霜急, 鯤岑瑞日輝, 帶方雄控引, 楓岳入旌旗, 翠壁臨空矗, 仙毫得意揮, 寒波噴巨石, 蒼蘚蝕珠璣, 恤小當時義, 朝宗此日違, 回頭遼寒外, 一爲淚沾衣."

25 『용성지』 권2 「鍾沈淵」: "在黑城坊龍鬪山下. 世傳天將留陣之日, 鍾沈于淵中, 故名."

것으로 추측된다.

5. 관왕묘(關王廟)

관왕묘(關王廟)는 일명 관제묘(關帝廟)이다. 관우(關羽: 관운장)는 중국 삼국시대 촉나라의 실존인물이다. 관우는 유비(劉備), 장비(張飛)와 더불어 도원결의(桃園結義)를 맺고 장수로 활동하며 위나라와 오나라의 대군을 여러 차례 격파하여 촉나라를 세우는데 큰 역할을 했다. 사후에 신으로 모셔졌다. 처음에는 역신(疫神)으로 알려졌다가 사찰을 보호하는 신이 되었다. 중국의 역대 조정은 관우를 충신의 전형으로 여겨 무신으로 숭배하였다. 송나라 때 무안왕(武安王)에 봉해졌고, 명나라 때 관성제군(關聖帝君)에 봉해졌으며, 청나라 때 관성대제(關聖大帝)로 승격되었다.

한국에서는 일찍이 『삼국지(三國志)』, 『삼국연의(三國演義)』 등을 통해 관우 인물과 영웅담이 널리 알려졌다. 임진왜란 때 조선에 들어온 명군들에 의해 여러 곳에 관왕묘가 세워졌다. 1598년(선조 32)에 명 진인(陳寅)이 남대문 바깥에 최초의 남관왕묘(일명 남묘)를 세웠고, 곧이어 명 설호신(薛虎臣)이 안동 관왕묘, 모국기(茅國器)가 성주 관왕묘, 남방위(藍芳威)가 남원 관왕묘, 진린(陳璘)과 계금(季金)이 고금도 관왕묘를 잇달아 세웠다. 1602년(선조 35)에 조선 조정은 명 신종이 보내온 은자로 동대문 바깥에 동관왕묘(일명 동묘)를 세웠다. 명군들이 관왕묘 건립에 열정적인 이유는 무신 관우의 신력을 받아 자신들의 생명과 안전을 보호하고, 또한 일본군을 물려치는 승전을 구하기 위해서였다.

남원 관왕묘

남원 관왕묘는 명 남방위가 처음 세웠다. 남방위는 강서 경덕진(景德鎭) 출신이다. 1598년(선조 31) 1월에 흠차통령절병유격장군서도지휘첨사(欽差統領浙兵遊擊將軍署都指揮僉事)가 되어 남병 3천 3백 명을 이끌고 조선에 들어왔다.[26] 당월에 한양에서 선조와 접견했고,[27] 2월에 군사를 거느리고 직산에 머물렀다.[28] 3월에 사로병진전략의 일환으로 남원에 들어갔다.[29] 8월에 명 군부가 남관왕묘에서 사로병진전략을 결의하고

26 『象村集』 권57「天朝詔使將臣先後去來姓名, 記自壬辰至庚子」: "藍芳威, 號雲鵬, 江西饒州府江西縣人, 以欽差統領浙兵遊擊將軍署都指揮僉事, 領南兵三千三百, 戊戌正月出來, 己亥七月回去."

27 『선조실록』 31년 1월 24일(경술)조.

28 『선조실록』 31년 2월 3일(무오)조.

29 『선조실록』 31년 3월 29일(갑인)조.

승전의식을 치렀다.[30] 9월에 중로군에 편입된 남방위는 군사를 거느리고 사천 지역으로 나갔다. 따라서 남원 관왕묘가 건립된 시점은 1598년(선조 31) 3월부터 9월 사이로 추정된다.

유정은 남원과 인연이 많았다. 앞서 언급했듯이 1593년(선조 26) 5월에 성주로 가기 위해 남원 여원치를 지나갔고, 이듬해 5월에 팔거에서 여원치를 지나 남원에 들어왔다. 1598년(선조 31) 9월에 서로군 수장이 되어 남원으로 내려왔다. 곧이어 수로군 진린(陳璘)과 함께 소서행장(小西行長)이 지키던 순천왜교성 공략에 나섰으나, 소극적인 전략으로 일관하다가 이렇다 할 전공을 세우지 못했다. 11월에 소서행장의 일본군이 물러간 뒤에야 성안으로 진격할 수 있었다. 1599년(선조 32) 초에 남원을 거쳐 한양으로 올라갔고, 4월에 본국으로 돌아갔다.

전란이 끝난 직후에 유정은 남원 관왕묘를 중수하게 된 과정을 담아 「한수정후묘비(漢壽亭侯廟碑)」를 세웠다. 「한수정후묘비」는 1599년(선조 32) 1월(維大明萬曆己亥歲孟春月黃道日吉)에 작성되었다. 이 비석은 세월이 흘러 비면의 박멸 현상이 일어나 영조 연간에 이미 비문을 제대로 판독하기 어려울 정도로 마멸되었다.[31] 다행히도 「한수정후묘비」 전문은 『용성지(龍城誌)』, 『해동성적지(海東聖蹟誌)』에 수록되어 있다.

『용성지』「한수정후묘비」의 전록시점이 『해동성적지』「한수정후묘비」보다 조금 빠르지만 오탈자가 많아 선본이 되지 못한다. 아래에

---

30 『東征記』: "八月十五日, 集各路大帥, 齊赴關王廟, 鳴鐘擊鼓, 指日誓天, 歃血受脈, 傾心瀝膽, 示其切骨切膚, 喩以大公大義, 兵衆感泣, 摩拳擦掌, 齊聲請戰."
31 『용성지』 권4「關王廟」: "在客館東. 唐將征倭時, 以塑像建廟, 歲久今廢. 關王碑在廟前, 字畫剝滅, 殆不可讀."

『해동성적지』「한수정후묘비」를 저본으로 삼아 유정이 관우로부터 영
적 계시를 받은 부분을 선록해본다.

倭方吐舌重足, 立會樞臣誤信壬人, 以封貢餌倭之言進. 余更以抗言,
觸忌諱, 俾余以五千卒善後. 當是時, 倭以十萬衆負釜山嶼, 未敢出蛙
步覘余也. 亡何, 元帥令撤戍守, 士歸國. 甫西渡鴨綠, 余仰天嘆, 曰:
"疥癬不治, 積毒鼎深, 倭其癰屬矣." 髮叢然上指. 夜分夢, 侯撫余背,
曰:"得無勞, 將軍再至乎." 寤而汗接踵. 適好事者, 以余言聞於上, 而
誤封貢者, 唧余終格而西川之命下矣. 兩閱歲, 倭且抗王師, 鮮塗炭甚,
廟廊採羣議, 而余再被推轂之命, 至不幸而余言中, 又幸而侯夢符也.
次王國都, 如南原, 則嚴然侯廟貌在焉. 蓋創始於藍遊戎也. 三年情境,
恍然夢如.

　　왜적이 혀를 내두르고 발을 거듭하니 회담에 나선 중신들이 간사
한 사람들을 잘못 믿어 봉공(封貢)으로 왜구를 유인하자는 말을 진헌
하였다. 내가 다시 항의하다가 꺼리하고 싫어함에 거슬러 나에게 5천
명의 군사로 뒤처리를 맡도록 했다. 이때에 왜적 10만의 무리가 부산
한 모퉁이를 웅거하고 있었는데, 감히 개구리가 뛰쳐나와 나를 엿보
지 못하였다.

　　얼마 있지 않아 원수(元帥)가 철수하여 변방을 지키도록 명하여 군
사가 귀국하였다. 서쪽으로 압록강을 건널 때 나는 하늘을 바라보며
탄식하며 말하기를 "옴이 낳지 않고 쌓인 독이 아주 심한데 왜적들이
옹이이다." 머리카락이 뭉쳐 곤두섰다. 밤에 꿈을 꾸니 수정후(壽亭
侯; 관우)가 내 등을 어루만지며 말하기를 "노고가 헛되지 않으니 장
군은 다시 올 것이라." 깨어나니 땀이 줄줄 흘렸다. 호사자가 내 말을
위에 전하니 봉공(封貢)을 오신하는 자들이 끝내 막아 서촉(西蜀)으
로 내려가도록 명했다.

두 해가 지나 왜적이 다시 왕사(王師)에 대항하고 조선의 도탄이 심하였다. 묘당이 뭇 의견을 모아 나에게 다시 추곡(推轂)의 명을 받들게 했다. 불행하게도 내가 말한 바가 맞았고, 또 다행히도 수정후의 꿈이 부합되었다. 국도 한양을 거쳐 남원에 와보니 관왕묘가 엄연하게 남아 있었다. 장수 남(藍; 남방위)이 창건하였다. 삼년 동안의 처지가 언뜻 꿈만 같았다.

여기에서 유정이 강화에 반대하는 바람에 강화파로부터 미움을 받아 조선에 잔류하게 되었다고 했다. 하지만 이 말은 조금 수정할 필요가 있다. 유정이 주전파에 속한 인물인 점은 맞지만, 유정의 조선 잔류는 조선 조정의 요청에서 나왔다. 명 군부는 명일강화회담이 본격적으로 진행됨에 따라 본진을 본국으로 귀환시키고, 일부 명군을 일본군의 침공을 대비하는 차원에서 조선에 계속 남겨두었다. 당시 유정은 조선 군신들에게 여러 차례 싸우겠다는 강한 전투 의지를 표방했고, 또한 조선 민초들에게 선정을 베풀어주었다. 이에 따라 조선 조정은 명 군부에게 조선에 잔류시킬 적합한 장수로 유정을 꼽아 요청하였다.

유정이 관우를 공경하는 행위는 당시 무장들 사이에 널리 팽배했던 관우 신앙에서 나왔다. 명나라 때 관우 신앙이 크게 확산되어 각 지역마다 관왕묘를 세웠고, 특히 군사들 사이에 무신으로 널리 받들었다. 정유재란 때 주전을 주창한 명 군부가 일본군을 맞아 힘든 전투를 하고 있었는데, 정신적으로 절대신인 관우 신력의 도움이 필요하였다. 출정 군사들은 관우가 하늘에서 신군(神軍)을 이끌고 나타나 싸움에 승리하도록 도와준다고 믿고 있었다. 1598년(선조 31) 8월 한양에서 사로병진전략을 세우고 출정식을 거행할 때 군문 형개가 사로(四路)의 수장을 거느리고 남관왕묘에 가서 축원을 올린 것도 이러한 연유에서 나왔다. 명 도양성(陶良性)의 「조선 창건한전장군관공묘기(朝鮮刱建漢 前將軍關公廟記)」에 남관왕묘 창건 에 나선 문무장리 가운데 유정의 이름이 보인다.

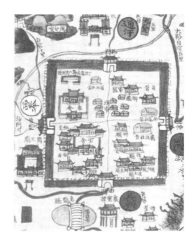

『(1872년)남원부지도』 중 관왕묘

남방위가 남원 관왕묘가 세울 당 시에 신상은 흙으로 빚었고 규모도 간략했다. 유정은 중앙에 정전을 세우고 바깥에 담장으로 둘렀으며 앞쪽에 대문, 다음에 의문(儀門)을 세워 전체 규모를 크게 확장시켰다. 1598년(선조 31) 12월초에 착공하 여 이듬해 1월 15일에 마쳤다.[32] 반면 조경남의 『난중잡록』에 남원 관 왕묘가 1599년(선조 32) 1월 7일에 기고관(旗鼓官) 서산(徐珊)이 부하 5백 명을 이끌고 공역에 나서 2월 2일에 마쳤다고 했는데,[33] 어딘가 착오가 있는 듯하다. 「한수정후묘비」의 기록은 공역을 지휘한 유정이 작성한 것이라 더 신뢰성이 있다. 기고수비(旗鼓守備) 서산이 공역을 감독하 고, 파총(把摠) 하곤부(何崑富), 웅봉(熊俸), 하곤상(何崑相), 왕정국(王正 國), 하계영(何啓榮) 등이 관장하고, 초관(哨官) 원대(袁大), 주록(朱祿),

32 劉綎「漢壽亭侯廟碑」: "蓋創始于藍遊戎也. …… 因捐捧鳩工, 繚以墻垣, 前爲門, 次爲 儀門, 又爲宮殿, 凡若干楹, 始有可觀矣. 肇端于臘朔, 告成于上元."

33 『난중잡록』기해년: "(1월 7일)劉綎督標下旗鼓官徐領軍五百留南原, 建關王廟. …… 二月初二日, 徐旗鼓畢關廟役."기고관 서씨는 徐珊이다.

노조(盧朝), 포문림(包文林), 왕효(王孝) 등이 함께 세웠다. 소상은 장조문(張朝文), 목공은 예진학(倪進學), 석공은 이명(李明) 등이 맡았다.

남원 관왕묘는 원래 남원부성 서편에 자리하였다. 1872년(고종 9)에 남원부가 각 부읍 지도를 작성하라는 조정의 명에 따라 작성한『남원부지도(南原府地圖)』(규10484)가 있다. 이 지도에 남원성 서문 바깥에「관왕묘(關王廟)」와 성안 서북쪽에「정유란사절팔충렬단(丁酉亂死節八忠烈壇)」이 그려져 있다.「관왕묘」가 서문 바깥에 있는 것을 보아 이 지도는 당시 남원부를 그린 것이 아니고, 옛 남원부 지도를 본받아 그렸다.

1716년(숙종 42) 가을에 남원현감 박내정(朴乃貞)이 유정의「한수정후묘비」를 찾아보고 묘우가 서쪽 편벽한 곳이 있다며 부성 동문 안쪽으로 이전 중건하였다. 이때 신상을 나무로 만들고, 제향 기구를 마련했다.[34] 박내정이 관왕묘를 중건한 계기는 남원성 전투에 돌아간 명 부장의 추모건과 관련이 있다. 1597년(선조 30) 8월에 명 양원이 총괄하던 남원성이 대규모 일본군의 침공으로 함락되었다. 주장 양원은 탈출했으나 부장 이신방(李新芳), 모승선(毛承先), 장표(蔣表)는 끝까지 싸우다가 순절했다. 1716년(숙종 42) 4월에 호남 암행어사 이진유(李眞儒)가 이들의 사적에 대해 조정에 보고하니, 이에 숙종은 남원에 사당을 세우고 이들을 제향하도록 명했다.[35]

---

34 盧廷圭「顯靈昭德武安王廟重修記」: "帶方城西有廟, 卽關王妥靈之所也. 越在龍蛇皇明壯士, 東役數年, 不能戡靖. 丁酉之歲, 藍遊戎創立壽亭侯廟, 塑像而祈禱之, 果賴神助而成功, 後三年己亥, 劉都督重修增制, 立石以記之. 其後興廢, 文獻無徵, 而至崇禎紀元之再丙申秋, 朴侯乃貞得劉都督碑, 因重刱廟宇於城東門之內, 偏以關王廟, 造安木像, 享以牲幣. 又以皇明征倭三將配之."

35 『숙종실록』42년 윤 3월 22일(임오)조.

   1741년(영조 17)에 남원현감 허린(許繗)이 관왕묘가 마을에 가까이 있
어 공경하지 못하다며 부성 서문의 관청 가까운 곳, 즉 현 위치인 왕정
동(王亭洞)으로 이전 중건했다. 정전은 정면 3칸, 측면 2칸으로 팔작지
붕으로 지었다. 1778년(정조 2) 가을에 남원부사 정존중(鄭存中)이 관왕
묘를 찾아보고 건물이 낡은 모습을 보고 다시 한 번 크게 보수하였다.[36]
8월에 착공해서 10월 18일에 완공했다.[37] 오늘날 관왕묘 뜰에는「관왕
묘비(關王廟碑)/명조도독유정건묘사적비(明朝都督劉綎建廟事蹟碑)」,「무
안왕묘비(武安王廟碑)/숭정재병신현감박내정중건(崇禎再丙申縣監朴乃貞
重建)」,「소상복설이현순공적비(塑像復設李炫純功績碑)」가 남아 있다. 관
왕묘는 전북 유형 문화재 제22호로 지정되었다.

6. 결론

   임진왜란 때 명군들이 군사적으로 중요한 지역인 남원에 분분히
들어왔다. 명 유정은 남원을 여러 차례 들어와 군사 활동을 하면서
많은 흔적을 남겼다. 남원 관련문헌에 유정의 기록과 후대작품들이
많이 수록되어 있고, 오늘날에도 유정의 유적들을 여전히 찾아볼 수
있다.

---

36 李健「漢壽亭侯廟重修記」:“第以地在城內, 嫌於閭里之逼, 故英宗辛酉許侯繗時, 移卜
今基城西南隅, 未一世而榱桷腐敗, 丹靑剝落, 識者慨歎. 今侯鄭公存中下車之初, 祗謁廟
廷, 退坐齋室, 顧謂諸參佐, 曰: 關公之精忠大節, 某所深感.”
37 盧廷圭「顯靈昭德武安王廟重修記」:“今年秋, 鄭侯存中公服祗謁, 徧視廟貌, …… 八月
日祝册, 自京城至, 九月霜降日, 移安東齋, 因以肇役十月十八日工訖焉.”

남원과 운봉 경계에 소재한 여원치에 유정석각 2기가 현존해 있다. 1593년(선조 26) 5월에 유정은 성주 팔거로 가기위해 여원치를 넘어가다 길옆의 바위에 이곳을 지나간다는 글자를 새겨놓았다. 이듬해 3월에 남원으로 주둔하기 위해 여원치를 넘어가다 바위에 이곳을 다시 지나간다는 글자를 새겨놓았다. 훗날 조선 문사들이 여원치를 지나가다 유정이 써 내려간 굳센 필치를 보고 감읍한 글씨나 시문을 많이 남겼다.

1594년(선조 27)에 의병장 정염은 남원 지역민의 중지를 모아 명장 유정이 자신들에게 베풀어준 행덕에 대해 감읍한 청덕비를 세웠다. 유정은 조선 민초들에게 폐해를 끼치지 않도록 부하들을 잘 단속하였고, 또한 군량과 금전을 풀어 전란으로 겨우 목숨만 유지하고 있는 난민들을 구휼해주었다. 당시 조선 조정도 유정의 높은 전투 의지와 참된 인물됨에 대해 높이 평가하였다.

1598년(선조 31)에 유정은 서로군의 수장이 되어 남원 용투산에 주둔했다. 용투산 주변에 소재한 용두정에 올라보고 이곳의 빼어난 경관이 중국 명승지인 소주와 항주보다 뛰어나다는 말을 남겼다. 훗날 의병장의 후손 양진핵이 유정이 낚시질한 조기를 찾아보고 전란 때 유정이 활약한 모습에 대해 감분한 시편을 남겼다.

정유재란 때 조선에 들어온 명군들 사이에 무신으로 받들고 있는 관우 신앙이 팽배해있었다. 남원 관왕묘는 1598년(선조 31)에 남방위가 처음 세우고 이듬해에 유정이 중수했다. 유정은 1594년(선조 27) 본국으로 군사 철수할 때 관우가 자신에게 다시 조선으로 돌아올 것이라고 현몽했고, 나중에 남원에서 관왕묘를 찾아보고 관우의 신력을 받아 일본군을 물리쳤다는 내용을 담은 중수비를 남겼다.

　남원 일대에 소재한 유정 기록과 유적을 종합해보면 유정의 행적이 전란 과정에서 미묘한 변화를 보여주었다. 전란 초기 남원에 들어온 유정은 전투의지가 높고 민초들을 잘 보살펴주었다. 지역민들은 유정을 기리는 비석을 세워주었고, 후대 인사들로부터 호평을 받았다. 정유재란 때 남원에 들어온 유정은 겉으로 주전을 주창하며 전투 의지를 밝히고 있지만, 실제로는 전투에 소극적인 태도로 임하였다. 전란이 끝난 직후에 관왕비를 중수하며 자신의 전공을 과시하는 모습을 보여주었다.　　　　　　　　　　　　　　　　　　　　[燁爀之樂室]

임진왜란 천만리(千萬里) 사적과
작품의 진위 고찰

1. 서론

임진왜란은 16세기 말 동아시아 역사를 뒤흔들어놓은 국제 전쟁이었다. 동아시아 삼국 모두가 전란으로 격심한 피해와 고통을 가져다주었지만, 삼국의 군사가 조선 땅에 모여 전쟁을 치르는 동안에 자연스럽게 타국 사람들과 접촉하면서 인적 교류를 촉진시키는 뜻하지 않은 결과를 초래했다. 일부 사람들은 전쟁 포로가 되거나 피랍되어 강제로 타국으로 끌려갔고, 또 일부 사람들은 투탁, 신병, 도주, 귀화 등으로 본국을 떠나 타국 생활을 영위했다.

임진왜란 때 참전했다고 알려진 명 천만리(千萬里)가 있다. 자는 원지(遠之), 호는 사암(思庵)이다. 전란이 끝난 후에 본국으로 돌아가지 않고 조선에 계속 남아 영양(穎陽) 천씨(千氏)의 해동조가 되었다. 『사암실기(思庵實紀)』는 영양 천씨 후손들이 천만리의 사적과 작품들을 모아 편찬한 실기류 책자이다. 오늘날 천만리 유적으로 남원 고리봉의 천만리 묘소, 고성 장좌리의 호암서원(虎嵒書院), 청도 갈지리의 황강

남원 고리봉 천만리 묘소

서원(皇岡書院), 남원 방촌리의 환봉서원(環峰書院) 등 천만리를 주향하는 사당, 부산 자성대(子城臺)에 천만리 공적을 적은 「총독장화산군영양천공지비(摠督將花山君穎陽千公之碑)」 등이 남아있다.

그런데『사암실기』중 천만리 사적과 작품의 사실여부에 대해 면밀히 검토되어야 할 사항이 아주 많다. 지금까지 국내외 학계에서 천만리에 대한 연구 논문이 일부 나오고 있지만,[1] 아직까지 천만리 사적과 작품의 사실여부에 대해 짚어간 적이 없다. 본 논고에서는『사암실기』

---

1   柳志明, 「歸化人 千萬里·金忠善의 文學硏究」, 부산대학교 국어교육전공 석사논문, 1988; 宋萬午, 「영양천씨 문과 인맥도」, 한국연구재단 연구보고서, 2006; 石少穎, 「萬曆援朝將領千萬里事迹攷」, 『第一屆壬辰戰爭硏究工作坊論文集: 壬辰戰爭的歷史記憶』, 山東大學歷史文化學院, 2017.4.14.~16, 205~221쪽.

중 천만리의 사적과 작품이 과연 얼마만큼 정확한지 아니면 문제점이
있는지에 대해 집중 분석해본다.

2. 『사암실기(思庵實紀)』 중 천만리 사적 기록

본 절에서는 영양 천씨 후손들이 편찬한 『사암실기』에 기술된 천만
리 사적을 정리해본다.

『사암실기』 제판본 가운데 조선조에 편찬된 것을 적어보면 1846년
(헌종 12) 목활자본, 1871년(고종 8) 목활자본, 1904년(광무 8) 간본, 1910
년(융희 4) 간본 등이 있다. 1846년(헌종 12) 목활자본은 후손 천택호에
소장되어 있고, 나머지 판본은 모두 국내 여러 도서관과 개인문고에
비교적 널리 소장되어 있다.

『사암실기』 「(천만리)자서(自敍)」, 「동정사실(東征事實)」, 「무안왕묘
비(武安王廟記)」는 임진왜란과 그 전
후시기에 천만리가 활동한 사적을
엿볼 수 있는 좋은 자료이다. 「자서」
와 「동정사실」은 제판본 『사암실기』
에 수록되어 있고, 「무안왕묘기」는
1871년(고종 8)판 이후 제판본에 수록
되어 있다.

『사암실기』 권수에 천만리가 말
년에 집안 내력과 자신의 행적을 적
었다고 전해오는 「자서」가 수록되어

『(1846년판)사암실기』

있다. 아래에 「자서」에 기술된 천만리의 주요행적을 정리해본다.

> 1543년(가정 22), 1세: 부친 천종악(千鍾嶽)과 모친 전씨(錢氏; 錢鐸의 여식) 사이에 출생.[2]
>
> 1555년(가정 34), 13세: 황태자 탄생 특별시에서 급제했으나 나이가 어리다하여 관직에 제수되지 않고, 다만 궁궐에 입시하여 황제를 알현함.[3]
>
> 1571년(융경 5), 19세: 무과 장원 급제.[4]
>
> 1575년(만력 3), 23세: 총절사(總節使)가 됨. 10월에 몽골족 5부 추장이 13만 기마병으로 변경을 침공해오자, 2천 명의 병졸로 결전을 펼쳐 적 2만여 명을 참하고 2부 추장 언개(彦介)를 섬멸함.[5]
>
> 1576년(만력 4), 24세: 공훈으로 내위진무사(內衛鎭撫使)가 됨.[6]
>
> 1580년(만력 8), 28세: 대간으로부터 옥살이와 군정을 다스리지 않았다는 억울한 참소를 입고 변방 양릉(陽陵)으로 쫓겨 감.[7]

---

2 『(1846년판)思庵實紀』권수「自敍」: "考諱鍾嶽, 字大立, …… 聚兵部侍郞錢公鐸之女, 卽不肖之母夫人也. 以嘉靖二十二年癸卯八月吉日生."

3 『(1846년판)사암실기』권수「自敍」: "三十四年乙卯二月, 皇太子誕生, 大赦天下, 特命試取, 時不肖年十三, 及唱名, 以年幼不賜第, 仍命入侍. 詢知其爲廣原遺孤, 深加歎尙, 厚施賞賜, 遣官致祭于虎巖忠義祠."

4 『(1846년판)사암실기』권수「自敍」: "不肖於隆慶五年辛未, 登武科壯元."

5 『(1846년판)사암실기』권수「自敍」: "萬曆三年乙亥, 爲總節使, 出鎭北路. 十月, 蒙古五部酋統領十三萬騎入寇境上. 余所只管二千戍卒而已. 以短兵殊死戰, 斬賊二萬餘級, 殲其二部酋彦介. 賊衆驚駭, 一時解散, 莫敢復侵邊. 邊民以是賴安."

6 『(1846년판)사암실기』권수「自敍」: "安刺史胡涉以功聞于朝, 翌年二月被召爲內衛鎭撫使."

7 『(1846년판)사암실기』권수「自敍」: "八年庚辰, 宵人織貝錦以爲不治冤獄, 不修軍政, 謫守陽陵."

1588년(만력 16), 36세: 적거에서 풀려나 태청전수위사(太淸殿守衛使) 겸 총독오군수(總督五軍帥)가 됨.[8]

1592년(만력 20), 40세: 조병영양사(調兵領糧使) 겸 총독장(總督將)이 되어 철기 2만 기를 거느리고 황성(북경)에서 의주로 들어오자, 국왕이 위문사 이현(李鉉)을 보내어 사은함. 아들 천상(千祥)도 참전함.[9]

임진왜란 기간: 기성(箕城; 평양), 곽산(郭山), 동래(東萊) 등 3차례 전투에서 적들을 섬멸함.[10]

1608년(선조 41), 56세: 아들 천상이 조익보(趙翼輔)의 여식과 혼인하여 왕검고성(평양)에 거주함.[11]

이후: 조선 조정은 임진왜란의 공로로 화산군(花山君)에 봉하고 30 결을 급복함, 아들 천상을 한성부좌윤(漢城府左尹)에 제수함.[12]

이후: 두류산에 2번, 금강산에 3번 오름.[13]

8　『(1846년판)사암실기』권수「自敍」: "八年又有臺臣以內重外輕, 力請召還. 上然之, 召入爲太淸殿守衛使兼總督五軍帥."

9　『(1846년판)사암실기』권수「自敍」: "上之二十年壬辰, 東藩大亂, …… 上憐之, 以總輸使李如松爲上將, 如梅·如柏爲次將, 其餘鄭漢周·輔明哲等二十餘人, 而余以調兵領糧使兼摠督將, 率鐵騎二萬, 自皇城行到義州. 國王遣慰問使李鉉謝恩. 翌明, 渡鴨綠江犒軍. 裨將王毅病死, 時子祥亦在軍中."

10　『(1846년판)사암실기』권수「自敍」: "與倭初戰于箕城, 再戰于郭山, 三戰于東萊, 殲賊殆盡."

11　『(1846년판)사암실기』권수「自敍」: "時余年五十六, 祥之年四十一, 仍留東土, 聚豊壤趙翼輔之女, 居王儉古城."

12　『(1846년판)사암실기』권수「自敍」: "東朝不忘壬辰之勞, 封爲花山君, 給復三十結; 拜祥漢城府左尹."

13　『(1846년판)사암실기』권수「自敍」: "再登頭流, 三入金剛."

또 『사암실기』권2에 임진왜란 때 참전한 명군의 행적을 적은 「동정
사실(東征事實)」이 수록되어 있다. 「동정사실」에 천만리 기록이 간간히
들어가 있는데, 이것들을 정리해보면 다음과 같다. [ ]은 집필자가
붙인 소제목이다.

(1) [임진왜란 명군파병] 명 황제가 대군을 보내어 지원했다. 군문도
독동지(軍門都督同知) 이여송(李如松)을 제독군무(提督軍務), 부총
병(副總兵) 양원(楊元)을 좌협대장, 부총병 이여백(李如栢)을 중협
대장, 부총병 장세작(張世爵)을 우협대장, 참장 방시춘(方時春)을
중군비어(中軍備禦), 한종공(韓宗功)을 기고관, 병부원외랑 유황
상(劉黃裳)을 병부주사, 원황(袁黃)을 찬획, 총절사(總節使) 천만리
를 운량관(運糧官) 겸 총독장(總督將), 호부주사 애유신(艾惟新)을
독향(督餉) 등을 삼았다. 병력은 도합 4만 3천여 명, 뒤따라 나온
자는 8천 명이다.[14]

(2) [평양성탈환] 낙상지(駱尙志)가 분전하여 먼저 오르고, 절강병이
북을 치고 소리 지르며 뒤따라가서 적의 기치(旗幟)를 빼앗고 명
군의 기치를 세웠다. 적들이 저항하지 못하고 토굴로 도망치자,
본국병들이 계속 따라 올랐다. 제독(이여송), 장세작, 천만리 등
이 칠성문(七星門)을 공략하여 대포로 깨뜨려 전군이 입성하였
다. 또 이여백이 함구문(含毬門), 양원이 보통문(普通門), 천만리

---

14 『(1846년판)사암실기』 하편 「東征事實」: "帝遣大兵來援, 以軍門都督同知李如松爲提
督軍務, 副摠兵楊元爲左協大將, 副摠兵李如栢爲中協大將, 副摠兵張世爵爲右協大將, 參
將方時春爲中軍備禦, 韓宗功爲旗鼓官, 兵部員外郎劉黃裳爲兵部主事, 袁黃爲贊畫, 總節
使千萬里爲運糧官兼總督將, 戶部主事艾惟新爲督餉, 兵合四萬三千餘人, 繼出者八千人."

가 성가퀴를 각각 맡아 승세를 몰아 앞 다투며 힘껏 공격하여 적 1,280여 급을 참하고, 불태워 죽인 자가 절반이 넘었다.[15]

(3) [군량 운송] (1593년) 4월에 명 황제가 오정방(吳定邦)을 여순구(旅順口)로 보내 산동미 10만 석을 독운(督運)하도록 명했다. 천만리는 조서를 받들어 조운에 나서 군량을 보급했다.[16]

(4) [정유재란 명군파병] (1597년) 5월에 제독 마귀가 선(宣)·대병(大兵) 1천 명, 부총병 양원이 요동병(遼東兵) 3천 명, 부총병 오유충(吳惟忠)이 남병(南兵) 4천 명, 중사마(中司馬) 천만리가 밀운병(密雲兵) 2천 명, 유격 진우충(陳愚衷)이 연수병(延綏兵) 2천명, 참장 팽우덕(彭友德)이 산서병(山西兵) 1천 명, 유격 남방위(藍芳威)가 절강병(浙江兵) 2천 명을 이끌고 요동에 도착했다.[17]

(5) [명군 방어주둔지] 마제독(마귀)이 왕경(한양), 양총병(양원)이 남원, 오유충이 충주, 천사마(千司馬; 천만리)가 죽산, 진유격(진우충)이 전주, 팽참장(팽우덕)이 천안, 시유격(柴遊擊; 柴登科)이 청주, 남유격(남방위)이 공주에 각각 주둔하여 적병을 막았다.[18]

---

15 『(1846년판)사암실기』하편「東征事實」: "駱尙志奮戰先登, 浙江鼓譟從之, 拔賊幟, 立天兵幟. 賊不能抵當, 退入土窟. 本國兵繼登, 提督與張世爵·千萬里等攻七星門, 用大砲撞碎門板, 整軍而入. 於是李如栢由舍毬門, 楊元由普通門, 千萬里分陣戮力, 乘勝爭前, 斬獲一千二百八十餘級, 燒殺亦過半." 舍毬門은 含毬門의 오기임.

16 『(1846년판)사암실기』하편「東征事實」: "四月, 帝命吳定邦至旅順口, 勅賜山東米十萬石督運, 千萬里承詔漕運濟餉."

17 『(1846년판)사암실기』하편「東征事實」: "五月提督麻貴以宣·大兵一千, 副摠兵楊元以遼東兵三千, 副摠兵吳惟忠以南兵四千, 中司馬千萬里以密雲兵二千, 游擊陳愚衷以延綏兵二千, 經理中軍參將彭友德以山西兵一千, 游擊藍芳威以浙江兵二千至遼東."

18 『(1846년판)사암실기』하편「東征事實」: "麻提督屯王京, 楊摠兵屯南原, 吳摠兵屯忠州, 千司馬屯竹山, 陳游擊屯全州, 彭參將屯天安, 柴遊擊屯淸州, 藍游擊屯公州, 以拒賊兵."

(6) [직산전투] 경리(經理) 양호(楊鎬)가 평양에서 적의 북상 소식을 듣고 왕경(한양)으로 달려가 마제독과 비밀리 용맹한 정병을 뽑아 보내는 계책을 세우고, 부총병 해생(解生), 유격 파귀(頗貴), 중사마 천만리, 참장 양등산(楊登山) 등으로 하여금 원병(猿兵; 원숭이) 3백 기를 이끌고 직산 소사평에 매복하도록 명했다. 적들이 미처 대오를 정렬하기 전에 돌격하여 격파하니, 적들이 패하여 흩어져 달아났고 죽은 자가 심히 많았다. 또 유격 파새(擺賽)에게 2천 명을 이끌고 가서 네 장수와 합세해서 추격하여 적들을 격파했다.[19]

(7) [사로병진전략] 운량관 천만리가 경략(經略)에게 진언하기를 "조선의 지형이 멀리 떨어져 있고 산수가 험하고 막혀있어 병력을 한 곳에 모으면 성공하기 어려우니, 지형에 따라 장수를 나누어 주둔하여 스스로 지키면서 전투하는 것만 못하다"고 했다. 경략이 그 계책이 옳다고 여기고 세 곳으로 나누어 수륙 사로군을 배치했다.[20]

또 『사암실기』 권2에 1600년(만력 28) 9월에 명 도양성(陶良性)이 조선 한양 남문(南門; 숭례문) 바깥에 세운 관왕묘의 사적을 담아놓은 「무

---

19 『(1846년판)사암실기』 하편 「東征事實」: "經理楊鎬在平壤聞之, 馳入王京, 與麻提督定計, 密選騎士之精勇者, 使副總兵解生, 游擊頗貴, 中司馬千萬里, 參將楊登山等, 率猿兵三百, 伏兵於稷山之素沙坪. 乘賊未及成列縱, 突騎擊之. 賊披靡而走, 死者甚多. 又遣游擊擺賽統二千騎繼之, 與四將合勢追擊, 又破之."

20 『(1846년판)사암실기』 하편 「東征事實」: "運糧官千萬里進言經略曰: 朝鮮地形隔越, 山水險咀, 兵聚一處, 難以成功, 不若因地形分任將, 自爲戰守. 經略然其計, 分三協爲水陸四路."

안왕묘기(武安王廟記)」가 수록되어있다. 여기에 천만리 기록이 간간히 들어가 있는데, 이것들을 정리해보면 다음과 같다. [   ]은 집필자가 붙인 소제목이다.

(1) [정유재란 명군파병] 정유년(1597) 여름에 대사마(大司馬) 천공(千公; 천만리)에게 명하여 문무장리를 총괄하고 수륙 병사들을 대거 보내어 구원하도록 했다.[21]

(2) [전후 잔류명군 책임자] 노포(露布)가 조정에 전해지자 황상이 경전(慶典)을 베풀고 다시 중승 천공(千公; 천만리)에게 병사를 남겨 뒷일을 처리하도록 명했다.[22]

(3) [관왕묘 창건 명군명단] 이번 거사에 문관으로 총독(總督) 대사마 (大司馬) 천만리(千萬里) 공, 익도(益都) 곤산(崑山[田의 오기]) 형개 (邢玠) 공, 경리(經理) 중승(中丞) 상구(商丘) 창서(滄嶼) 양호(楊鎬) 공, 진택(震澤) 만세덕(萬世德) 공, …… 무관으로 대장군 대동(大同) 이천(而[西의 오기]泉) 마귀(麻貴) 공, 소주(韶州) 용애(龍涯) 진린 (陳璘) 공, 선부(宣府) 소산(小[少의 오기]山) 동일원(董一元) 공, 남창 (南昌) 성오(省吾) 유정(劉綎) 공, 처주(處州) 경산(景山) 이승훈(李承 勛) 공 …… 모두 처음부터 함께 이룬 자들이다.[23]

---

21 『(1871년판)사암실기』 하편 「武安王廟記」: "丁酉夏載, 命大司馬千公, 摠督文武將吏, 大發水陸兵出救."

22 『(1871년판)사암실기』 하편 「武安王廟記」: "露布上聞, 帝覃慶典, 復命中丞千公量留兵善後."

23 『(1871년판)사암실기』 하편 「武安王廟記」: "是擧也, 文職則總督大司馬千公萬里, 益都崑山[田의 오기]邢公玠, 經理中丞[丞의 오기]商丘滄嶼楊公鎬, 震澤萬公世德, …… 武職則大將軍大同而[西의 오기]泉麻公貴, 韶州龍涯陳公璘, 宣府小[少의 오기]山董公一元, 南昌省吾劉公綎, 處州景山李公承勛, …… 皆創始共成者也." 崑田은 형개의 호, 中丞은 관직

3.『사암실기(思庵實紀)』천만리 사적에 관한 문제점

본 절에서는『사암실기』중 천만리 사적 기록에 대해 문제점을 짚어 본다.

(1) 천만리가 몽골족을 섬멸한 공적 기록의 문제점

『사암실기』「(천만리)자서」에 의하면 천만리가 23세가 되는 1575년 (만력 3)에 총절사가 되었고, 10월에 몽골족이 5부와 합세하여 기마병 13만 명을 이끌고 변방을 침공해오자 자기 관할의 병졸 2천 명으로 막아내고 적 2만여 명을 참하고 2부 추장을 섬멸하였다고 했다.

하지만 천만리의 전투 기록은 한마디로 논란거리이다.『명실록』을 비롯한 각종 명대 문헌에 천만리의 이름을 전혀 찾아볼 수 없다. 물론 이것을 혹시 기록의 부재라고 치부할 수 있겠지만, 몽골족 2만여 명을 참하고 2부 추장을 섬멸한 큰 공적을 세운 장수의 이름이 명대 문헌에 전혀 찾아볼 수 없는 점은 논란의 소지가 다분하다.

1575년(만력 3)에 명 변방에서 발생된 각종 전투를 조사해보면 흥미로운 결과가 나온다. 이 해 겨울에 내객이객(內喀爾喀) 5부 수장 초화(炒花; 일명 抄花, 洪巴圖魯)가 토만(土蠻) 흑석탄(黑石炭), 황태길(黃台吉), 복언태주(卜言台周), 이아등(以兒鄧), 난토(煖兔), 홍토(洪兔), 도랄아(堵剌兒) 등과 합세하여 2만여 기를 이끌고 평로보(平虜堡)로부터 심양을 공격해오자, 총병관 이성량(李成梁)이 나서 이들을 물리쳐 큰 공적을 세

명, 西泉은 마귀의 호, 少山은 동일원의 호임.

웠다.[24] 따라서 「(천만리)자서」에서 말한 몽골족 침략은 초화 일행이 명나라 동북부 변경을 침공한 전쟁이고, 또 천만리는 초화 일행을 물리친 이성량의 이름을 빌려 둔갑한 것으로 추정된다. 이성량은 임진왜란 초기 명군을 통솔한 제독 이여송의 부친이다.

(2) 임진왜란 때 천만리가 총독장으로 참전한 기록의 문제점

『사암실기』「(천만리)자서」에 의하면 천만리가 36세에 적거에서 풀려나 태청전수위사 겸 총독오군수가 되었고, 40세에 임진왜란이 발발하자 조병영량사 겸 총독장이 되어 철기 2만 기를 거느리고 와서 기성(평양), 곽산, 동래 등 3차례 전투에서 일본군들을 섬멸하였다고 했다.[25] 또 『사암실기』「동정사실」에 의하면 명 황제가 이여송을 제독, 양원을 좌협대장, 이여백을 중협대장, 장세작을 우협대장, 방시춘을 중군비어, 한종공을 기고관, 유황상을 병부주사, 원황을 찬획, 천만리를 운량 겸 총독장, 애유신을 독향으로 삼아 대군을 보냈다고 했다.

여기에 말한 천만리의 관직인 '총독장오군수' 또는 '총독장'은 정식 관직명이라고 보다는 오군 또는 오군도독부를 통솔하는 총독 또는 총독 장수로 추측된다. 총독은 일명 총제(總制)이고, 품계는 정2품이다. 1441년(정통 6)에 명 병부상서 왕기(王驥)가 총독이 되어 녹천(麓川) 지역

---

24 『明史』권238 「李成梁傳」: "三年春, 土蠻犯長勇堡, 擊敗之. 其冬, 炒花大會黑石炭、黃台吉、卜言台周、以兒鄧、煖冤、洪冤、堵剌兒等二萬餘騎, 從平虜堡南掠. 副將曹簠馳擊, 遂轉掠瀋陽. 見城外列營. 乃據西北高墩. 成梁邀戰, 發火器. 敵大潰, 棄輜重走, 追至河溝, 乘勝渡河, 擊斬以千計. 加太子太保, 世廕錦衣千戶."

25 『(1846년판)사암실기』권수 「自敍」: "與倭初戰于箕城, 再戰于郭山, 三戰于東萊, 殲賊殆盡."

을 진압한 것에서 시작하여 이후 지방 군정을 관리하기 위해 총독을 계속 파견하였다. 임진왜란 때 명군을 통솔한 이여송의 관직명은 '흠차제독계료보정산동등처방해어왜군무총병중군도독부도독동지(欽差提督薊遼保定山東等處防海禦倭軍務摠兵中軍都督府都督同知)'이고, 품계는 종1품이다. 이여송의 부장으로 온 양원의 관직명은 '흠차정왜좌영부총병관서도독첨사(欽差征倭左營副摠兵官署都督僉事)', 이여백의 관직명은 '흠차정왜좌영부총병관서도독첨사(欽差征倭左營副摠兵官署都督僉事)'이고, 품계는 모두 정2품이다. 장세작의 관직명은 '흠차정왜우영부총병관도지휘사(欽差征倭右營副摠兵官都指揮使)'이고, 품계는 정3품이다. 총독장 천만리의 품계는 제독 이여송의 품계보다 낮지만, 부장 양원, 이여백의 품계와 동급이며, 장세작의 품계보다 높다.

임진왜란 때 천만리가 조병영량사 겸 총독장으로 철기 2만 기를 데리고 왔다면 명군 수뇌부에 속하는 중요한 인물이다. 천만리가 통솔한 철기 2만 기는 임진왜란 초기에 이여송이 데리고 왔던 명군 4만 3천여 명의 절반에 가까운 숫자이다. 반면 양원이 거느린 병력은 2천 명, 이여백이 거느린 병력은 1천 5백 명, 장세작이 거느린 병력은 1천 5백 명이다. 천만리가 통솔한 군사 수만 본다면 이여송보다 못하지만 양원, 이여백, 장세작보다 훨씬 많다.

그런데 전란 당시에 편찬된 각종 조선·명 문헌에 천만리가 총독장이 되어 조선에 참전했다고 증명해주는 어떠한 기록을 찾아볼 수 없다. 예를 들면 임진왜란 기간에 명군들의 활동 내용을 소상하게 적어놓은 『선조실록』, 조선 참전에 나선 명군 문무장리의 성명, 관직, 소속 군사 등 제반사항을 기술한 『상촌집(象村集)』「천조조사장신선후거래 성명(天朝詔使將臣先後去來姓名) 기자임자지경자(記自壬辰至庚子)」와 『임진필록(壬辰筆錄)』에 이여송, 양원, 이여백, 장세작을 비롯한 명 유격급 내지 참장급 이상의 장수들의 이름을 모두 열거해놓았는데, 유독 정2품 총독장인 천만리 이름만 보이지 않는다.

좀 더 구체적으로 임진왜란 초기 평양성 탈환 직후에 명군 각 영에 소속된 장수와 영병 수목을 들어본다. 명군 각 영의 장수는 이여송, 방시춘, 이영(李寧), 양원, 이여백, 장세작, 임자강(任自强), 이평호(李平胡), 사대수(査大受), 왕유익(王有翼), 손수렴(孫守廉), 왕유정(王維貞), 조지목(趙之牧), 이방춘(李芳春), 이여매(李如梅), 이여오(李如梧), 양소선(楊紹先), 장응충(張應种), 낙상지, 장기공(張奇功), 진방철(陳邦哲), 오유충, 송대빈(宋大斌), 왕필적(王必迪), 고책(高策), 섭방영(葉邦榮), 전세정(錢世禎), 척금(戚金), 곡수(谷燧), 주홍모(周弘謨), 방시휘(方時輝), 왕문(王問), 양심(梁心), 조문명(趙文明), 고철(高徹), 시조경(施朝卿), 갈봉하(葛逢夏) 등이다. 평양성 탈환 때 참여한 명군의 군사는 4만 3천 5백 명이고, 뒤이어 들어온 명군의 군사는 8천 명이다.[26] 여기에서도 천만리 이름을 찾아볼 수 없다. 따라서 천만리가 총독장이 되어 군사 2만 기를 거느리고 왔다고 기술한 『사암실기』 기록은 논란거리이다.

최근 천씨 집안이 천만리가 총독장이 되었다고 증거로 내세운 『효사재선생정만록(孝思齋先生征蠻錄)』 「사적(事績)」 기록에 대해 검토해본다. 즉, 1592년(선조 25) 12월에 명나라가 병부시랑 송응창을 경략으로 삼아 대군을 보냈고, 이여송을 제독, 양원을 좌협대장, 이여백을 중협

---

26 『선조실록』 26년 1월 11일(병인)조.

대장, 장세작을 우협대장, 방시춘을 중군, 한종공을 기고관, 유황상을 병부주사, 원황을 찬획, 천만리를 운량관 겸 총독장, 애유신을 독향으로 삼아 5만여 기를 거느리고 왔다.[27] 여기에 천만리 이름이 들어가 있다.

『효사재선생정만록』중 효사재는 의성 출신 이탁영(李擢英)의 당호이다. 이탁영은 임진왜란 때 경상도에서 유성룡(柳成龍), 김성일(金誠一), 김수(金睟) 등 휘하에서 영리로 활약했다. 전란 도중에 진중에서 보고 들은 내용을 정리하여 책자로 남겼다. 당초 책명은『임진변생후일록(壬辰變生後日錄)』이다. 1601년(선조 34)에 이원익(李元翼), 이시발(李時發)에 의해 채집 진상되어 선조로부터 지금의 책명인『정만록(征蠻錄)』으로 하사받았다. 원본은 보물 제880호로 지정되었다. 이밖에 후대에 첨삭이 심한 필사본 2종이 있다.

만약『효사재선생정만록』「사적」의 천만리 기록이 정확하다면,『사암실기』「동정사실」의 천만리 기록, 즉 천만리가 임진왜란 때 총독장이 되어 동정에 나섰다는 사적을 증명해주는 좋은 사료로 꼽을 수 있다. 하지만 원본『정만록』에는『효사재선생정만록』「사적」을 찾아볼 수 없다. 그 이유는 바로「사적」이 후대에 만들어졌기 때문이다.

『효사재선생정만록』은 20세기에 들어와서 이탁영 후손들이 원본『정만록』에다 새로 수집한 자료를 덧보태어 편찬한 재편본이다. 1959

27　『孝思齋先生征蠻錄』권1「事蹟上」: "(임진)十二月日, 天朝以兵部侍郞宋應昌爲經畧, 使先發兵數萬, 繼運米帛金銀弓馬火藥, 無數輜重, 而旋調大軍以送, 以李如松爲提督, 楊元爲左協大將, 李如栢爲中協大將, 張世爵爲右協大將, 方時春爲中軍, 韓宗功爲旗鼓官, 劉黃裳爲兵部主事, 袁黃爲贊劃總節使, 千萬里爲運糧官兼總督將, 艾維新督餉, 率兵五萬餘. 是月二十五日, 渡江, 威聲大震."

년에 간행되었다. 『효사재선생정만록』이규환(李圭桓)의 서문에 의하면 20세기 초 경주 이씨 집안이 선인들이 남겼던 관련 사료들을 모아 별책을 만들었다고 했다.[28] 이때 「사적」 편장이 새롭게 추가되었다.

『효사재선생정만록』「사적」에 기술된 천만리 기록은 후대 자료에 속한다. 후대 자료로 전대 사적을 고증할 때 그 기록이 얼마만큼 사실과 부합되는지를 정확하게 검증할 필요가 있다. 따라서 사료 가치가 떨어진 『효사재선생정만록』「사적」의 천만리 기록으로 『사암실기』「동정사실」의 천만리 기록, 즉 천만리가 총독장으로 동정에 나섰다고 증거물로 삼기 힘든 구조이다.

다음으로 천만리가 총독장 또는 중사마였다고 기술한 『사암실기』의 또 다른 기록을 검증해본다. 『사암실기』「울산서생진도독동충암전각기(蔚山西生鎭都督洞層巖鐫刻記)」에 각자 공역에 나선 명단이 있다. 여기에 '운량사겸총독장(運糧使兼總督將) 천만리(千萬里)'가 보인다. 또 「금강산성조암후충암각비(金剛山聖祖巖後層嵒刻碑)」에 금강산에 '천조동정상서중사마천공만리청덕인용비(天朝東征尙書中司馬千公萬里淸德仁勇碑)'라는 비석이 있다. 또 「임진동정문무제장록(壬辰東征文武諸將錄)」에 임진왜란 때 참전한 명군 명단이 나열되어 있다. 여기에 방시춘, 한종공(韓宗功) 다음에 '총독장운량관(摠督將運糧官) 천만리(千萬里)'라고 적어 놓았다.[29]

---

28 『孝思齋先生征蠻錄』李圭桓 서: "吾宗集揆甫嘗著余而言曰: 吾先祖孝思齋府君, 卓節懿行, 只載『龍蛇征蠻錄』, 零星數卷, 而掩翳不幸者, 今三百有餘年矣. 有不忍任蝕蟫爭, 謄出錄中詩文書札及諸先輩揄揚之筆, 別爲一卷, 並此錄, 付于剞劂."

29 1871년판 이하 제판 『사암실기』「壬辰東征文武諸將錄」에는 천만리의 명단을 宋應昌, 이여송, 이여백 다음으로 옮겨놓고, 관작을 '欽差北虜總節使內衛鎭撫太淸殿守衛使兼總

그러나 이들 기록은 모두 후대에 작성되었고, 또한 사료 가치가 떨어진 것이다. 앞서 언급했듯이 천만리가 총독장에 올랐다는 기록은 믿을 수가 없다. 「금강산성조암후층암각비」는 원 비석의 존재가 확인되지 않는다. 후대에 집안 가승에 의거하여 추가되었다.[30] 「임진동정문무제장록」에 열거된 명군 명단은 임진왜란 명군 문무장리 명단을 기술한 『상촌집』과 『임진필록』 등 관련문헌에서 찾아볼 수 있는데, 앞서 언급했듯이 유독 '총독장운량관(摠督將運糧官)' 또는 '흠차북로총절사내위진무태청전수위사(欽差北虜總節使內衛鎭撫太淸殿守衛使) 겸(兼) 총독오군수중사마총독장조병운량사(總督五軍帥中司馬摠督將調兵運糧使)' 천만리만 찾아볼 수 없다.

「울산서생진도독동층암전각기」의 작성 시점과 장소가 울산도산성 전투의 실제 상황과 맞지 않는다. 이 석각은 '만력이십육년중춘상완(萬曆二十六年仲春上浣)', 즉 1598년(선조 31) 2월 상순에 새겼다고 했다. 이 각석 시점은 경리 양호 지휘 아래 조명연합군이 전력을 다해 일본 가등청정(加藤淸正)이 지키는 울산도산성에다 총공세를 펼쳤으나 끝내 실패를 하고 후방으로 퇴각하고 있을 때였다. 울산도산성 전투는 1597년(선조 30) 12월 22일부터 1598년(선조 31) 1월 4일까지 전개되었다.

울산도산성 전투는 처음에는 조명연합군이 승전을 목전에 두었으나 경리 양호의 작전 실패, 급작한 기상 변화, 일본 지원군의 도래 등으로 끝내 실패하고, 오히려 퇴각하는 과정에서 일본군의 역습을

督五軍帥中司馬摠督將調兵運糧使'로 고쳐놓았음.

30 『(1846년판)사암실기』 하편 「金剛山聖祖庵後層嵒刻碑」 자주: "家乘有碑云, 而無碑文, 故姑爲錄此, 以備後日奉尋."

받아 많은 사상자를 내었다. 당시 조명연합군이 공략한 장소는 울산도
산성과 태화강 일대이고, 「울산서생진도독동층암전각기」를 새긴 장
소는 서생포왜성이다. 서생포왜성은 일본군이 계속 점거하고 있는 중
이라 명군이 서생포 근처에도 진격하지 못했다. 울산도산성 전투가
진행되거나 끝난 후에 명군 장수들이 모여 일본군이 점거하고 있는
서생포왜성으로 가서 한가롭게 암석에 글자를 새겼다고 보기에는 논
리적으로 문제가 많다.

　「울산서생진도독동층암전각기」는 정왜제독중군(征倭提督中軍) 편갈
송(片碣頌)이 짓고, 유격중군(游擊中軍) 시문용(施文用)이 쓰고, 운량사
겸 총독장 천만리, 총병파총(摠兵把摠) 장해빈(張海濱), 유격파총(游擊把
摠) 서학(徐鶴)이 독공해서 세웠다.[31] 편갈송, 시문용, 장해빈, 서학의
직급은 모두 부장급 장수이다. 천만리가 명군 수뇌부에 속하는 총독
장이라면 직급이 한참 아래인 부장급 장수와 함께 나란히 암각기를
새기도록 독공에 나섰다는 것이 통상적인 금석명단 기술방식과 차이
가 있다. 그리고 편갈송, 시문용, 천만리, 장해빈, 서학의 면모를 분석
해보면 모두 임진왜란 이후 조선에 귀화한 명군 인사들이다. 따라서
「울산서생진도독동층암전각기」는 전란이 끝난 이후 조선에 잔류한
명군의 후손들이 모여 조상들의 숭덕을 알리기 위해 각석했던 것으로
추측된다.

---

31 『(1846년판)사암실기』 하편 「蔚山西生鎭都督洞層巖鐫刻記」: "天朝征倭提督中軍片碣
頌撰, 游擊中軍施文用書, 運粮使兼摠督將千萬里, 摠兵把摠張海濱, 游擊把摠徐鶴督工鐫
建."

(3) 평양성탈환 때 천만리가 참전한 기록의 문제점

『사암실기』「동정사실」에 의하면 명군이 탈환한 평양성 전투에서 천만리가 이여송, 장세작과 더불어 칠성문을 공략하여 대포로 깨뜨려 전군이 입성하였고, 또 천만리가 성가퀴를 맡아 공격하여 일본군을 물리치는 대승을 거두었다고 했다.

그러나 「동정사실」의 천만리 평양성 탈환 기록은 역사 사실과 부합되지 않는다. 평양성탈환은 임진왜란 초기에 전쟁의 양상을 뒤바꾼 중대한 전투이었다. 1593년(선조 26) 1월에 명 이여송의 통솔 아래 오유충, 사대수(査大受)가 모란봉을, 양원, 장세작이 칠성문을, 이여백, 이방춘이 보통문을, 조승훈(祖承訓), 낙상지, 조선 이일(李鎰), 김응서(金應瑞)가 함구문을 공략하여 끝내 일본 소서행장(小西行長)이 지키는 평양성을 탈환하는 승첩을 거두었다.

여기에 대해 좀 더 구체적으로 살펴본다. 평양성 탈환 직후에 조선 조정이 전투에 나섰던 명 장수 명단과 전투 과정을 소상하게 기술해놓은 『선조실록』 기록이 있다. 평양성 전투에 나선 명 장수를 나열해보면 이여송, 양원, 이여백, 장세작, 임자강, 조승훈, 손수렴, 사대수, 이여매, 이여오, 방시춘, 양소선, 이방춘, 낙상지, 갈봉하, 퉁양주(佟養中), 오유충, 이영, 양심, 조문명, 고철, 시조경, 척금, 심유(沈惟), 고승(高昇), 전세정, 누대유(婁大有), 주역(周易), 왕문 등이다.[32] 하지만 이들 명단에 천만리의 이름을 찾아볼 수 없다.

따라서 천만리가 평양성 탈환 때 명군 수뇌부 인물로 참전했다고

---

32 『선조실록』 26년 1월 11일(병인)조.

기술한『사암실기』「동정사실」기록은 논란거리이다. 달리 말하자면 천만리가 명군 수뇌부 인물이 아니라고 판단해도 합리적인 의혹에 속한다.

(4) 정유재란 때 천만리가 총독 대사마로 참전한 기록의 문제점

『사암실기』「무안왕묘기」에 의하면 정유재란이 일어나자 명 황제가 총독 대사마 천만리에게 대군을 이끌고 조선 참전에 나서게 했고, 또 전란 이후에 천만리에게 병사를 남겨 뒷일을 처리하도록 명하였다고 했다.

대사마는 중앙부처의 최고 장관을 지칭한다. 명청 시대 병부인 경우에는 병부상서의 별칭으로도 사용되었다. 상기 자료만 보면 천만리가 총독 대사마가 되어 정유재란과 전후를 이끌어 간 명군의 수장이라고 할 수 있다. 하지만『사암실기』「무안왕묘기」의 천만리 기록은 위조된 것이다.

「무안왕묘기」의 원본은 1600년(만력 28)에 명 도양성(陶良性)이 남관왕묘 중건을 마친 후에 묘우에 세운 비석「조선창건한전장군관공묘기(朝鮮刱建漢前將軍關公廟記)」이다. 1598년(선조 31)에 명 유격 진인(陳寅)은 남대문 바깥 목멱산(남산) 아래에 관우(관운장)를 숭상하기 위한 묘우, 즉 조선 최초의 관왕묘를 세웠다. 이곳의 관왕묘는 1601년(선조 34)에 동대문 바깥에 세워진 동관왕묘와 구분하기 위해 통상 지역방향에 따라 남관왕묘, 줄여서 남묘라고 불렀다. 「조선창건한전장군관공묘기」비석은 원래 묘우 안에 세워두었는데, 일제강점기 또는 그 직후에 훼멸되었다. 다행히도 해당 탁본이 일본 천리대학(829.1-47-93본)과

미국 버클리대학 동아시아도서관(18본)에 각각 남아있다.

아래에『사암실기』「무안왕묘기」중 천만리 기록과 원 비석「조선
창건한전장군관공묘기」중 해당 기록 부분을 찾아 대비해본다.

『사암실기』「무안왕묘기」:

(1) 丁酉夏載, 命**大司馬千公**, 摠督文武將吏, 大發水陸兵出救, 而先
至陸卒三萬.

(2) 露布上聞, 帝覃慶典, 復命**中丞千公**量留兵善後, 海波晏如.

(3) 是擧也, 文職則**總督大司馬千公萬里, 益都崑山邢公**玠, 經理中承
商丘滄嶼楊公鎬.

원 비석「조선창건한전장군관공묘기」:

(1) 丁酉夏載, 命**大司馬邢公**, 總督文武將吏, 大發水陸兵田圈, 而先
至陸卒三萬.

(2) 露布上聞, 帝覃慶典, 復命**中丞萬公**量留兵善後, 海波晏如.

(3) 是擧也, 文職則**總督大司馬益都崑田邢公**玠, 經理中丞商丘滄嶼
楊公鎬.

『사암실기』「무안왕묘기」중 천만리 기록은「조선창건한전장군관
공묘기」의 비문을 살짝 고쳐놓은 위조이다. 정유재란 때 명군을 총괄
한 대사마 형개(邢玠)를 대사마 천만리로 바꾸어놓거나 형개 이름 앞에
천만리 이름을 살짝 삽입시켜놓았다. 또 전후 명군을 통솔한 중승 만
세덕(萬世德)을 중승 천만리로 바꾸어놓았다. 훗날 천씨 집안이 해동조
천만리의 사적을 숭상하기 위해 의도적으로「조선창건한전장군관공
묘기」의 비문을 살짝 고쳐서『사암실기』에 편입시켰다.

(5) 정유재란 때 천만리가 통솔한 밀운병 기록의 문제점

『사암실기』「동정사실」에 의하면 중사마 천만리가 밀운병 2천 명을 거느리고 왔다고 했다. 아래에 해당 대목을『난중잡록(亂中雜錄)』,『선조수정실록』에서 찾아 대비해본다.

『사암실기』「동정사실」의 천만리 기록:

五月提督麻貴以宣·大兵一千, 副摠兵楊元以遼東兵三千, 副摠兵吳惟忠以南兵四千, **中司馬千萬里以密雲兵二千**, 游擊陳愚衷以延綏兵二千, 經理中軍參將彭友德以山西兵一千, 游擊藍芳威以浙江兵二千至遼東.

『난중잡록』정유년 2월 22일조:

帝以總兵麻貴爲提督統領宣·大兵一千, 副摠兵楊元統領遼東兵三千, 副摠兵吳惟忠統領南兵四千, **遊擊牛伯英統領密雲兵二千**, 遊擊陳愚衷統領延綏兵二千, 陸續過江. 特命薊遼總督軍門邢玠咸統之, 參政蕭應宮監軍, 戶部郎中正五品董漢儒督餉之. 出『攷事』.

『선조수정실록』30년 2월 1일(임술)조:

皇朝以右僉都御史楊鎬爲經理, 兵部尙書邢玠爲摠督, 軍門麻貴爲提督統宣大兵一千, 副總兵楊元統遼東兵三千, 副摠兵吳惟忠統南兵四千, **游擊牛伯英統密雲兵二千**, 游擊陳愚衷統延綏兵二千, 參政蕭應宮監軍, 戶部郎中董漢儒督餉以來救.

『난중잡록』은 남원 출신 의병장 조경남(趙慶男)이 임진왜란의 전쟁 상황을 기술한 사찬서이다. 상기 명군동정 기록은『고사촬요(故事撮

要)』에서 나왔다.『선조수정실록』은 인조 연간에 서인들에 의해 편찬되기 시작하여 1657년(효종 8)에 완성된 실록이다. 이밖에 1684년(숙종 10)에 이단하(李端夏) 등의『선묘보감(宣廟寶鑑)』과 훗날 재편한『국조보감(國朝寶鑑)』에도 우백영이 밀운병 2천명을 거느렸다는 기록이 보인다.

『사암실기』「동정사실」과『난중잡록』·『선조수정실록』을 대비해보니 동정(東征)에 나선 명 장수의 이름과 병력수가 일치하는데, 밀운병 2천 명을 거느린 장수 부분만 다르다.『난중잡록』과『선조수정실록』은 모두 우백영이라고 기술했는데,『사암실기』「동정사실」은 천만리로 바꾸어놓았다. 이것으로 보아『사암실기』「동정사실」에 기술된 천만리 기록이 날조되었음이 확인된다.

그렇다면『사암실기』「동정사실」의 천만리 기록이 어떻게 꾸며졌을까? 오늘날『사암실기』에서 인용한 원본「동정사실」의 현존 여부가 확인되지 않아 정확히 검증할 수가 없지만, 원본「동정사실」보다는 나중에 나온『사암실기』에 문제가 있을 가능성이 높다.『사암실기』의 편찬자가 상기「무안왕묘기」의 경우처럼 원본「동정사실」에다 천만리 부분만 살짝 고쳤을 가능성이다. 여기에 대해서는 향후 원본「동정사실」이 나오면 다시 논해본다.

(6) 직산전투 때 천만리가 참전한 기록의 문제점

『사암실기』「동정사실」에 의하면 중사마 천만리가 직산전투에서 나서 일본군을 격파하는 큰 공을 세웠다고 했다. 아래에 해당 대목을 『국조보감』에서 찾아 대비해본다.

『사암실기』「동정사실」의 천만리 기록:

經理楊鎬在平壤聞之, 馳入王京, 與麻提督定計, 密選騎士之精勇者, **使副總兵解生、游擊頗貴、中司馬千萬里、參將楊登山等**, 牽猿兵三百, 伏兵於稷山之素沙坪. 乘賊未及成列, 縱突騎擊之. 賊披靡而走, 死者甚多. 又遣游擊擺賽統二千騎繼之, 與四將合勢追擊, 又破之.

『국조보감』권32「선조조구(宣祖朝九)」정유 9월:

經理楊鎬在平壤聞之, 馳入王京, 招提督策不戰之狀, 與提督定計, 密選騎士之精勇者, **使解生、牛伯英、楊登山、頗貴領之,** 迎擊于稷山. 解生等伏兵於稷山之素沙坪, 乘賊未及成列, 縱突騎擊之. 賊披靡而走, 死者甚多. 又遣遊擊擺賽將二千騎繼之, 與四將合勢追擊, 又破之.

『국조보감』은 조선 조정이 후세의 귀감을 삼기 위해 정사에 일어났던 사건들을 기술한 관찬서이다. 세종 때 착수에 나서 세조 때 처음 편찬되었다. 이후 여러 차례 지속적으로 증보 편찬되었다. 이 책자 가운데 선조 사적은 1684년(숙종 10)에 이단하(李端夏)가 왕명을 받들어 편찬한『선묘보감』에서 나왔다. 상기 직산전투 기록을 대비해보면 『사암실기』「동정사실」은『국조보감』을 저본으로 기술했는데, 장수 우백영의 이름을 천만리 이름으로 살짝 바꾸어놓았다.

직산전투는 정유재란 초기에 명군과 일본군 사이에 전쟁의 양상을 뒤바꾼 중대한 전투였다. 전투 직후에 조선 접반사 장운익(張雲翼), 접반관 신충일(申忠一) 등이 조정에 올린 보고에 명장 해생(解生), 양등산(楊登山), 파귀(頗貴), 우백영(牛伯英) 등의 이름은 보이는데, 천만리의 이름을 찾아볼 수 없다.[33] 또 정유재란이 끝난 직후 명 서희진(徐希震)이 작성한『동정기(東征記)』에 직산전투의 과정을 자세히 적어놓았다. 여기에도 해생, 양등산, 우백영, 파귀, 주만량(朱萬良), 왕국동(王國棟), 이익교(李益喬), 유우절(劉遇節) 등 여러 장수 이름이 등장하는데, 천만리 이름을 찾을 수 없다. 따라서『사암실기』「동정사실」의 천만리의 직산전투 기록은 역사 사실과 부합되지 않는다.

이밖에『사암실기』「동정사실」에 운량관 천만리가 경략에게 사로병진전략을 건의했다고 했다. 이 기록은 숙종조에 편찬한 신경(申炅)의『재조번방지(再造藩邦志)』기록과 매우 유사하다.[34] 다만 사로병진전략을 건의한 자에 대해『사암실기』는 천만리라고 적었고,『재조번방지』는 혹자라고 적었다. 경략은 형개를 지칭한다. 그런데 사로병진전략을 구상한 명군 인사는 경리 양호로 알려졌다.[35] 향후 이와 관련된 자료가 나오면 다시 논하겠다.

(7) 천만리가 조선 조정의 봉작을 받은 기록의 문제점

『사암실기』「자서」에 의하면 천만리가 전란이 끝난 후에도 아들 천상과 함께 계속 조선에 머물렀고, 56세 이후에 조선 조정으로부터 전란의 공적으로 화산군에 봉해지고, 또 아들 천상은 한성부좌윤에 임명되었다고 했다. 또 손자 천경주(千耕疇)가 예조에 올렸다고 한「정예조장(呈禮曹狀)」에도 천만리가 화산군, 천상이 한성부좌윤에 봉해졌다고

---

33 『선조실록』30년 9월 9일(병진)조.
34 『再造藩邦志』제5: "或語經畧, 朝鮮地理隔遠, 山水險阻, 兵聚一處, 難以成功, 不若因地分任人, 自爲戰守, 可以全勝. 經略然其謀, 乃分三協, 以攻三路. 又懲島山之失, 三路之外, 又添水兵爲四路."
35 『선조실록』31년 3월 29일(갑인)조.

했다.[36]

그러나『사암실기』「자서」의 천만리 봉작 기록은 당시 정황과 부합되지 않은 문제점이 존재한다. 1599년(선조 32) 4월에 명군 본진은 본국으로 귀환하고, 조선 조정의 요청으로 일본군의 재침을 방어하기 위해 경리 만세덕이 일부 명군을 거느리고 조선에 계속 잔류했다. 1600년(선조 33) 가을에 만세덕을 비롯한 잔류 명군의 본진은 철수하여 내륙을 통해 본국으로 돌아갔고, 1601년(선조 34) 봄에 해상여건이 좋지 않아 북상하다 황해도 해안에서 머물고 있던 오종도(吳宗道)의 명 선박이 마지막으로 떠나면서 모든 명군이 본국으로 돌아갔다.

영양 천씨 집안은 해동조 천만리가 명 본진과 귀환하지 않고 계속 조선에 남아있었다고 했다. 전쟁 이후 명군 군사 가운데 극소수이지만 신병, 도주 등으로 본진과 함께 떠나지 못하고 조선에 계속 남아있는 경우가 있었다. 하지만 명군 유격급 이상의 장수가 조선에 계속 잔류한 사례를 찾아볼 수 없다. 만약『사암실기』「자서」기록처럼 정2품의 총독장인 명군 수뇌부 인사가 본국으로 귀환하지 않고 조선에 계속 잔류했다면, 명 조정과 조선 조정에서 모두 언급되어야 할 중대한 사건이 된다.『명실록』,『조선왕조실록』등 각종 당대 문헌에 천만리가 조선에 남았다고 한 어떠한 기록도 찾아볼 수 없다. 이에 따라 천만리가 모종의 원인으로 조선에 잔류했다고 치더라도 최소한 그의 직책이 정2품 총독장이 될 수 없음이 분명하다.

---

36 「呈禮曹狀」: "祖父思庵公, 諱萬里, 本以皇朝之人, 去壬辰島夷之亂, 受命東來, 樹立功勳, 仍留不還, 旅于箕城, 遂爲東人而. 矣身父鰲軒, 諱祥, 以子弟從行佐父成勳, 所以矣身祖封花山君, 矣身父拜漢城府左尹."(『潁陽千氏宗史錄』820쪽에서 재인용)

　또 조선 조정이 천만리에게 화산군, 천상에게 한성부좌윤에 임명했다고 기술한『사암실기』「자서」의 기록도 문제가 있다.『선조실록』,『광해군실록』과 당대 조선 문헌에 조선 조정이 천만리 부자에게 봉호나 관직을 내린 은전 기록을 찾아볼 수 없다. 오늘날 천씨 집안에 당시 조선 조정이 천만리에게 화산군, 천상에게 한성부좌윤에 봉했다는 공신녹권이나 교지의 원본이 없다. 천만리의 손자 천경주가 올렸다고 한「정예조상」은 공식적인 기록이 아니고 어디까지나 집안에서 전해오는 후대 자료일 뿐이다. 이에 따라「정예조상」도 혹시『사암실기』「동정사실」,「무안왕묘기」처럼 후대에 가공되었는지에 대해 정밀 검토해볼 필요가 있다.

4.『사암실기(思庵實紀)』천만리 작품에 관한 문제점

　본 절에서는『사암실기』중 천만리가 지었거나 천만리와 수창한 인물의 작품에 대해 검증해본다.

　1846년판 이후 제판『사암실기』에 천만리 작품으로「여동래제공등두류산(與同來諸公登頭流山)」,「영설(詠雪)」,「오몽유감(午夢有感)」,「회고국(懷故國)」,「봉춘회고(逢春懷古)」,「여왕공문규등금강산(與王公文奎登金剛山)」,「여동국제공취음(與東國諸公醉吟)」,「사귀등금강산(思歸登金剛山)」,「등금강산회고국(登金剛山懷故國)」,「봉왕학사문상동취(逢王學士文祥同醉)」,「등고자탄(登高自歎)」,「등두류산감음(登頭流山感吟)」,「등남원관한루(登南原廣寒樓)」등이 수록되어있고, 1871년(고종 8) 이후 제판『사암실기』에「여동조화음(與東朝和吟)」이 더 수록되어 있다.

이들 가운데 일부 시편이 타인의 저작으로 밝혀졌다. 먼저 『사암실기』에 천만리가 지었다는 「등남원광한루(登南原廣寒樓)」의 저자 문제부터 짚어본다.

『사암실기』 천만리 「등남원광한루(登南原廣寒樓)」	『용성지(龍城誌)』 여영명(呂永明) 「상한사(上漢槎)」
節鉞何年建此樓	節鉞何年建此樓
我來登上政新秋	我來登上政新秋
旌飛北塞黃雲淨	旌飛北塞黃雲淨
劍倚南天紫氣浮	釰倚南天紫氣浮
忽見兵塵閑異域	忽覩兵塵閑異境
喜觀文物似中州	喜觀文物似中州
他時走馬陰山路	他時走馬陰山路
剪取長鯨奠海陬	剪取長鯨奠海陬

『용성지(龍城誌)』는 1699년(숙종 25)에 이도(李燾)와 최여천(崔與天)이 편찬한 남원 지방지이다. 이 책자의 권2 「누정(樓亭)·상한사(上漢槎)」 조항에 상기 작품은 여영명(呂永明)이 지었다고 했다. 상한사는 광한루 앞쪽에 펼쳐져 있는 호수에 띄운 뗏목을 지칭한다. 이 시편은 1593년(선조 26) 가을에 여영명이 수려한 광한루원을 노닐다가 타일에 전란을 평정하겠다는 승첩 의지를 담아 지었다. 천만리의 「등남원광한루」는 여영명의 「상한사」를 그대로 따왔다.

『사암실기』에 천만리의 「등남원광한루」와 수창한 명군 제공의 시편들이 수록되어 있다. 여기에도 여러 문제점이 발견된다. 여영명의 '전파(戰罷)' 시는 송대빈(宋大斌)이 1593년(선조 26)에 광한루에서 지었던 것이다.[37] 또 사대수(查大受)의 '영사(永思)' 시와 오종도(吳宗道)의 '만리(萬里)'는 광한루에서 지은 것이 아니고, 모두 남원 내기(內基)마을에 소재한 영사정(永思亭)에서 지었던 것이다.[38] 특히 사대수 시의 첫 구절 '영사정' 글자만 보아도 시의 배경이 영사정임을 알 수 있다. 또 진운홍(陳雲鴻)의 '세모(歲暮)' 시는 광한루에서 지은 것이 아니고, 1594년(선조 27)에 남원 객관 옆에 소재한 사영루(四詠樓)에서 지었던 것이다.[39]

다음으로 『사암실기』에 천만리가 지었다는 「여동조화음(與東朝和吟)」의 저자 문제를 적어본다.[40]

『사암실기』 천만리 「여동조화음(與東朝和吟)」	『송강집(松江集)』 정철(鄭澈) 「차운증이원외실지(次韻贈李員外實之)」
逝水悠悠若逝年	江水悠悠感逝年
白頭父子愧東賢	白頭勳業愧先賢
悲懷渺渺臨歸後	離懷衮衮臨岐日
苦淚潅潅發語前	苦淚潅潅發語前
天外家山飛鳥外	遼左海山歸鳥外
斗邊城闕暮雲邊	漢陽城闕暮雲邊
今宵恐得還鄉夢	今宵恐有還鄉夢
夢裡還鄉倍悵然	夢裏還鄉倍黯然

---

37 『난중잡록』 계사년 7월 9일조: "宋大斌遊廣寒樓, 賦詩云: 戰罷歸來倦倚樓, 洗兵飮馬大溪頭, 八山草木千年勝, 四野烽烟一望收, 破竹已乘今日勢, 采蓮猶憶昔時遊, 明朝迫逐嚴諸部, 萬里勳名正此求. 天朝征倭遊擊軍廣德宋大斌大捷于南原南宿星嶺, 歸休廣漢, 敬次樓韻." 『용성지』 권8에서도 '戰罷'의 저자를 송대빈으로 적었음.

38 『龍城誌』 권1 「樓亭·永思亭」: "永思亭上啓朱扉, 入座玲瓏爽籟飛, 巖下七松凝晚翠, 庭前踈月浸餘輝, 靑城霸業殘還復, 芳草王孫去不歸, 千古興亡多少恨, 夕陽和淚濕人衣."

39 『난중잡록』 갑오년 12월 28일조: "(진운홍)臘月二十八日, 駐節南原, 午睡聞鶯鵲爭喧, 登臺見雪, 有感云: 歲暮京南客未回, 那堪惆悵此登臺, 萬山雪積迷蒼翠, 千里烟嵐蔽草萊, 日午庭前鶯擾夢, 朔風樓外鵲喧槐, 天涯四顧無窮思, 憂國空慙廊廟才."

40 1871년판 『사암실기』 「與東朝和吟」은 1904년판과 1910년판에 「與東朝諸公和唫」이라고 명명했음.

『송강집(松江集)』은 선조 연간에 가사문학의 대가인 정승 정철(鄭澈)의 문집이다. 정철은 1593년(선조 26)에 작고했다. 천만리의 「여동조화음」은 정철의 「차운증이원외실지(次韻贈李員外實之)」를 살짝 변형한 것이다. 제7구는 똑같고, 나머지 구절은 몇 글자만 고쳐놓았다. 실지(實之)는 이춘영(李春英)의 자이다.

1846년판 이후 제판『사암실기』에 김성일(金誠一)이 천만리에게 주었던 「학봉김공성일증운(鶴峯金公誠一贈韻)」이 수록되어있다. 영양 천씨 집안은 이 시를 김성일과 자신의 선조 천만리가 교유했던 유력한 증거로 삼고 있다. 하지만 원본 격인 김성일의『학봉일고(鶴峯逸稿)』를 조사해보면 상기 시의 주인공 천만리가 영양 천씨의 해동조인 천만리와 동명이인임을 알 수 있다. 김성일은 1590년(선조 23)에 통신부사로 일본에 나갔다가 이듬해 돌아올 때까지 많은 작품을 남겼다. 이때 일본에 체류하고 있던 명 출신 천만리와 만나 상기 시를 지어주었다.[41]

1846년판 이후 제판『사암실기』에 이덕형(李德馨)과 유간(柳澗)이 각각 천만리 화상을 보고 찬을 적은 「화상찬(畵像贊)」, 김상용(金尙容)과 유간이 각각 시를 적은 「화상제영(畵像題詠)」이 수록되어있다. 또 1871년판 이후 제판『사암실기』에 이항복(李恒福)이 천만리 「여동조제공화음(與東朝諸公和吟)」에 화답한 「화운(和韻)」, 김상용이 천만리 「여동조제공취음(與東朝諸公醉吟)」에 화답한 「화운」, 김상헌(金尙憲)이 천만리 「추야청안(秋夜聽鴈)」에 화답한 「화운」, 김상헌이 천만리 「사귀감음(思歸感吟)」에 화답한 「화운」, 이항복이 천만리 「등금강산회귀국(登金剛山

---

41 『鶴峯逸稿』 권2 「贈千萬里」: "東土惟皇地, 情同一國人, 千秋難報德, 洗盡八方塵."

懷故國)」에 화답한 「화운」, 이덕형이 천만리 「여동조화음(與東朝和吟)」에 화답한 「화운」 등이 수록되어있다.

하지만 이덕형의 『한음문고(漢陰文稿)』, 이항복의 『백사집(白沙集)』, 김상용의 『선원유고(仙源遺稿)』, 김상헌의 『청음집(淸陰集)』 등에 천만리와 화답 또는 지었다고 한 상기 작품들을 찾아볼 수 없다. 통상 자신과 수창했거나 자신에게 지어주었던 타인의 작품이 해당자의 문집에 모두 수록되었다고는 말할 수 없지만, 『사암실기』에 수록된 타인의 작품이 해당자의 문집에서 한 편이라도 찾아볼 수 없는 것은 의아하다. 달리 말하자면 『사암실기』에 수록된 천만리와 화답한 조선 인사들의 작품이 『사암실기』 편찬자가 혹 가탁해서 만들어졌는지에 대해 향후 면밀한 검증 작업이 필요하다.

끝으로 부산 자성대에 세워진 「총독장화산군영양천공지비」의 문제점을 논해본다. 1947년 3월에 영양 천씨 후손들이 부산 자성대에 천만리의 공적을 기리기 위해 「총독장화산군영양천공지비」를 세웠다. 이 비문에 적힌 비석의 건립과정을 요약해본다. 임진왜란 때 천만리가 총독장 오군수로 군사를 이끌고 동정에 나서 구원하였고, 세 번 싸워서 세 번을 모두 이긴 공로로 자헌대부(資憲大夫) 봉조하(奉朝賀)가 되었고 화산군(花山君)에 봉해졌다. 개선에 돌아오던 날에 온 나라의 관민들이 공덕을 길이 추모하여 부산 자성대에 비석을 세웠다. 세월이 오래되어 인멸되었고 비면에 이끼가 끼고 글자가 깨어졌다. 몇 년 전에 일본군이 비석을 철거하였는데, 우리 후손들이 슬픔을 이길 수 없어 새롭게 비석을 세웠다.[42]

그런데 「총독장화산군영양천공지비」 비문은 역사적으로 검토해봐

야 할 내용이 많다. 천만리가 총독장이 되었다는 기록은 앞서 언급했
듯이 신뢰성을 검토해야 할 논란거리이다. 그리고 조선 관민이 부산
자성대에 천만리 비석을 세웠다고 한 기록은 애당초 잘못되었다. 부산
자성대에 세워진 원 비석의 실체는「부산평왜비명(釜山平倭碑銘)」이다.
일명「만세덕기공비(萬世德紀功碑)」,「만장군기공비(萬將軍記功碑)」이다.
「부산평왜비명」의 주체 인물은 만세덕이다. 1599년(선조 32) 가을에 만
세덕이 문무장리를 거느리고 부산 자성대에 내려가서 명군이 임진왜
란에서 승전을 거두었던 사적을 담아「부산평왜비명」을 세웠다.[43]

　1709년(숙종 35)에 권이진(權以鎭)이「부산평왜비명」이 깨어진 것을
보고 비면을 새로 깎아 다시 세웠다. 1834년(순조 34)에 이시눌(李時訥)
의『임진전란도(壬辰戰亂圖)』에 '만공소륵비(萬公所勒碑)', 즉「부산평왜
비명」이 그려져 있다. 원 그림은 현재 서울대 규장각에 소장되어있다.
19세기 중엽 이후에 비석이 실전되었는데, 다행히도『선조실록』,『동
래부지(東萊府誌)』,『유회당선생집(有懷堂先生集)』,『충렬사지(忠烈祠志)』
등 여러 문헌에 비문이 수록되어있다.「부산평왜비명」의 끝부분에 정
유재란에 참전한 명군 장수들의 명단이 나열되었는데, 그 속에 천만리
이름은 보이지 않는다. 따라서 천만리의「총독장화산군영양천공지비」
는 부산 자성대와 연고가 없다. 향후 자성대 관리기관은 여기에 대해

---

42 부산 자성대 소재「督將花山君潁陽千公之碑」: "公諱萬里, 號思庵, 諡忠莊公. 肇祖中
華版圖丞相公, 諱岩 □代孫也. 去壬辰, 以摠督將五軍帥, 調兵領糧使, 奉命東征, 來救朝
鮮, 三戰三捷, 仍留箕城, 策勳資憲大夫, 奉朝賀, 封花山君. 凱還之日, 擧國官民, 永慕功
德, 立石于釜山子城垳, 歲久湮沒, 苔蝕篆泐, 不意前年, 枉被倭兵拔去. 嗟我後孫輩, 不勝
憾愴, 追古增新."
43『선조실록』32년 10월 1일(정축)조.

『임진전란도』 중 자성대 만공비 ©규장각

면밀한 검토가 있기를 바란다.

5. 결론

동아시아 국제전 임진왜란은 외국군이 조선에 대거 들어왔고, 이와 더불어 외국군 가운데 본국으로 돌아가지 않고 조선에 정착한 귀화인들이 있었다. 오늘날 명군 귀화인의 후예로 알려진 여러 성씨들이 있는데, 영양(穎陽) 천씨(千氏)도 그중의 하나이다. 영양 천씨의 해동조는 천만리(千萬里)이다. 천만리는 아들 천상(千祥)과 함께 임진왜란 때 명군의 일원으로 참전했다가 조선에 계속 남았다고 전해지고 있다.

　조선 후기에 천씨 집안은 해동조 천만리의 사적과 작품들을 모아
정리한 『사암실기(思庵實紀)』를 편찬했다. 『사암실기』에 수록된 천만
리의 사적과 작품을 분석해보면 아주 흥미로운 결과가 나타난다. 책자
여러 곳에서 천씨 집안에서 천만리를 숭상하기 위해 가탁 내지 위조한
흔적들을 찾아볼 수 있다.

　『사암실기』「자서」에 천만리가 임진왜란 때 조병영량사(調兵領糧使)
겸 총독장(總督將)이 되어 참전했다고 했다. 또 『사암실기』「동정사실」
에 천만리가 총독장으로 나서 평양성, 직산 등 여러 전투에 참전하면
서 전공을 세웠다고 했다. 총독의 품계는 조선 참전에 나선 명군 수뇌
부에 해당되는 정2품이다. 그런데 전란 당시에 편찬된 각종 조선·명
문헌에 다른 명군 수뇌부 인사들의 이름을 모두 찾아볼 수 있는 반면에
유독 천만리 이름만 전혀 찾아볼 수 없는 문제점을 안고 있다.

　『사암실기』「무안왕묘기」에 천만리가 정유재란 때 총독대사마(總督
大司馬)가 되어 명군을 이끌고 들어왔고, 또 무안왕묘를 중수하는데
참여했다고 했다. 「무안왕묘기」의 원본은 1600년(만력 28)에 명 도양
성(陶良性)이 지은 「조선창건한전장군관공묘기(朝鮮刱建漢前將軍關公廟
記)」이다. 현존하는 원 비석의 탁본과 대비해보니 「무안왕묘기」의 천
만리 기록은 위조임이 밝혀졌다. 즉, 「조선창건한전장군관공묘기」의
형개, 만세덕 등 타인 이름을 천만리로 바꾸어놓거나 타인 이름 사이
에 천만리 이름을 살짝 집어넣었다.

　『사암실기』에 수록된 천만리 작품 가운데 일부 작품은 타인의 작품
으로 밝혀졌다. 천만리의 「등남원광한루(登南原廣寒樓)」는 명 여영명(呂

永明)의 작품을 그대로 옮겨놓았고, 또 천만리의 「여동조화음(與東朝和吟)」은 조선 정철(鄭澈)의 「차운증이원외실지(次韻贈李員外實之)」를 변형시켜 옮겨놓았다. 이외에 조선 인사들이 천만리에게 주었거나 화창했다고 한 작품은 해당 인물의 문집과 대조해보니 동명이인이거나 해당 작품을 찾아볼 수가 없다.

우리들은 영양 천씨 해동조인 천만리의 사적에 대해 어떻게 봐야 하는가? 『사암실기』 중 천만리와 동시대에 만들어졌다고 한 자료는 후대 집안에서 가탁 내지 위조한 것이고, 또 조선 후기에 만들어진 각종 공문서나 문헌은 전대에 가탁 내지 위조된 자료를 바탕으로 기술되었기에 내용 그대로 받아들이기는 힘들다. 임진왜란 때 제독 마귀(麻貴)를 시조로 삼고 있는 귀화 성씨인 상곡(上谷; 回回) 마씨(麻氏)의 선대 기록도 이와 비슷한 현상을 띠고 있다. 상곡 마씨 족보에는 선대들이 대대로 회회국왕을 지냈다가 마귀의 부친 태자공 마록(麻祿) 때 나라가 망하여 안남국으로 망명했다고 했다. 최근 산서 우위(右衛)에서 출토된 마씨 집안의 묘지석(「마부묘지석(麻富墓誌石)」, 「마귀묘지석(麻貴墓誌石)」, 「마승훈묘지석(麻承訓墓誌石)」)을 보면 선대가 회회에서 나왔다고만 했지 부친 마록과 조부 마정(麻政)이 회회국 태자 또는 국왕이었다는 기록을 찾을 수 없다.[44]

그렇다고 하더라도 천만리가 임진왜란에 참전하지 않았다고 단정할 필요는 없다. 전란 당시에 각종 조선·명 문헌을 살펴보면 명군 유

---

44 朴現圭, 「右衛 麻氏 묘지석과 上谷 麻氏 족보 고찰」, 『中國人文科學』 71집, 中國人文學會, 2019.4, 351~370쪽.

격급보다 낮은 관직 인물에 대한 기록을 찾아보기 힘들다. 영양 천씨의 천만리가 임진왜란 귀화 성씨인 절강 장씨의 해동조 장해빈(張海濱)처럼 당시 기록의 부재로 행적을 찾아보거나 입증하기 힘들 경우를 생각해봐야 한다. 후대 천씨 집안이 천만리를 추숭하는 과정에서 사실 이상으로 공적이나 관작을 크게 부풀려 기술했던 것으로 보인다. 따라서 천만리 사적과 작품을 살펴볼 때에는 전면 부정하기보다는 다른 문헌과 대조하여 해당 기록을 세심히 검증해서 언급할 필요가 있다.

[燁爀之樂室]

참고문헌

慶念, 『朝鮮日日記』(『改正史籍集覽』 25책), 近藤出版社, 1910(재판).

남원문화원, 『정유년 남원성 싸움: 戰亂의 克服과 昇華』, 남원문화원, 남원, 1997.

南原府 편, 『南原府地圖』, 1872년 필사본, 규장각장본(奎10484).

南原府 편, 『南原邑誌』, 조선후기 편찬본, 규장각장본(奎17401).

大河內秀元, 『朝鮮物語』, 1849년 誠格堂刊本, 早稻田大學圖書館藏本.

朴現圭, 「정유재란 남원성 전투 순절 무덤과 제향 연구」, 『日本硏究』 32집, 고려대학교 글로벌일본연구원, 2019.

朴現圭, 「정유재란 시기 남원성 전투 고찰; 명 楊元을 중심으로」, 『충무공 이순신과 한국 해양』 5호, 해군사관학교 해양연구소, 2019.

朴現圭, 『임진왜란 중국 사료 연구』, 보고사, 2018.

北島萬次, 『豊臣秀吉朝鮮侵略關係史料集成』, 平凡社, 2017.

安思訥 등편, 『竹溪世蹟』, 1902년 간본, 국립중앙도서관장본(c13647-66).

淵邊元眞, 『島津家高麗軍秘錄』(『續群書類從』 20輯下), 続群書類從完成會, 1923.

穎陽千氏中央宗親會 著, 『穎陽千氏宗史錄』, 고려인쇄, 1996.

李燾·崔與天 등편, 『龍城誌』, 조선후기 목활자본, 국립중앙도서관장본(BC古朝 62-42)

李世淵, 『사무라이의 정신세계와 불교; 일본사회의 전사자공양과 怨親平等』, 혜안, 2014.

李熙煥, 「丁酉再亂時의 南原城戰鬪에 對하여」, 『전북사학』 7집, 전북사학회, 1983.

李熙煥, 「丁酉再亂에 있어서의 南原城戰鬪에 對한 一考察」, 전북대학교 사학과 석사논문, 1981.

丁景達·朴鍾寓, 『盤谷丁景達詩文集』, 亦樂, 2017.

鄭永泰, 「丁酉再亂時 南原城戰鬪와 萬人義塚」, 『역사학연구』 56집, 호남사학회, 2014.

陳尙勝, 「論丁酉戰爭爆發後的明軍戰略與南原之城」, 『安徽史學』, 2017年 6期; 『정

유재란 1597: 2017년 국립진주박물관 특별전 연계 국제학술심포지엄』,
　　　國立晉州博物館, 2017.10~20~21.

千尙准著,『임진왜란과 천만리 장군』, 광승인쇄, 2018.

千錫奎 編,『사암실기』, 1846년 목활자본, 천택호장본.

千錫祚等 編,『사암실기』, 1871년 목활자본, 규장각장본(古4660-2).

千玎洛 編,『思庵實記』, 1910년 간본, 국립중앙도서관장본(古2511-81-5).

千鍾翊 編,『思庵實記』, 1904년 간본, 국립중앙도서관장본(우촌古2511-81-1,
　　　동곡古2511-81-2).

崔圭珍,『남원과 정유재란』, 신영출판사, 1997.

邢玠,『經略御倭奏議』(『御倭史料匯編』 4~5책), 全國圖書館文獻縮微複製中心,
　　　2004.

湖南府邑 편,『湖南邑誌』, 1871년 필사본, 규장각장본(奎12175).

黃大中,『兩蹇堂文集』, 國立中央圖書館藏本.

찾아보기

박현규(朴現圭)

순천향대학교 중어중문학과 교수
천진외국어대학 객좌교수
전 한국중국문화학회 회장
『임진왜란 중국 사료 연구』, 『抗倭援朝 – 季金』, 『동아시아 해상 표류와
해신 마조』, 『중국 明末·淸初 朝鮮詩選集 연구』 등 논저서 308편

임진왜란 남원성 전투와 명군 문물

2021년 6월 10일 초판 1쇄 펴냄

지은이 박현규
발행인 김흥국
발행처 도서출판 보고사

책임편집 황효은
표지디자인 손정자

등록 1990년 12월 13일 제6-0429호
주소 경기도 파주시 회동길 337-15 보고사
전화 031-955-9797(대표), 02-922-5120~1(편집), 02-922-2246(영업)
팩스 02-922-6990
메일 kanapub3@naver.com / bogosabooks@naver.com
http://www.bogosabooks.co.kr

ISBN 979-11-6587-192-5   94910
      979-11-5516-755-7   (세트)
ⓒ 박현규, 2021

정가 16,000원